日本の住文化再考

鷗外・漱石が暮らした借家から
デザイナーズマンションまで

鈴木紀慶

鹿島出版会

日本の住文化再考

はじめに

現在は、畳の上で生活する人は少なくなり、椅子やソファ、ベッドなどの家具を使った「椅子式の生活(椅子坐《いすざ》)」が一般化している。だが、果たして日本人の長い間の生活習慣であった、床に直に坐ったり、寝転がったりする、「床面に坐る生活（床坐《ゆかざ》）」は消えつつあるのか。

明治時代以降、日本人の生活スタイルは大きく変わったが、起居様式のような根本的なところでは変わっていないようにも思われる。「靴脱ぎ」という日本固有の習慣から考え、江戸時代の庶民の生活から見ると、衛生はもとより、機能性、利便性、居住性などあらゆる面で向上したことは間違いないが、起居様式は状況によって「床坐」「椅子坐」を使いわける「二重生活」は今もつづいている。

明治時代に西洋化の波が押し寄せ、岩崎弥太郎のように立派な西洋館を建てても、その脇に和館を建て、表向きは「洋」だが、裏へ回ると「和」というような生活スタイルをそのまま引き継いでいるようにも感じられる。日本人の住まいは、もしかしたら本質的には何ら変わっていないのではないだろうか。

戦前の都市、借地住まいと借家住まいは一般的な居住形態だった。一九二六（大正一五）年の統計でも、借家・間借が九〇％を超えていた。当時は、土地所有にこだわらない風潮があり、地主と借地人の関係もおおらかな時代だった。明治時代に森鷗外と夏目漱石が暮らした借家が、当時東京市本郷区千駄木にあった。この家の間取りは「続き間」で、茶の間と下女部屋のほかに連続した和室が四部屋と南側に突き出た書斎（和室）がある約三八坪の庭付きの平屋であった。庶民の長屋から、鷗外・漱石が暮らした一軒家でゆったりとした借家まであった。

一九四一（昭和一六）年の借地法借家法の改正で事情が大きく変わった。戦後は、物質不足で住宅事情も悪かったことから、狭小借家が多く供給され、借家人に家族が増えたり、生活が豊かになると、借家人のほうから自然に転居することが誘導されるような質の借家が多かった。借地法借家法の改正後は、落語にも登場する大家と店子《たなご》という、親子関係に近い人間付き合い（コミュニティ）が消え、貸主（大家）の論理、視点でつくられるようになった。この状況は現代もまだつづいているが、保守的な不動産業界に風穴を開け、わずかではあるが新風を送ったのが、「デザイナーズマンション」だった。

筆者はデザイナーズマンション・ブームの仕掛け人のひとりで、『スズキ不動産――デザイナーズマンション情報』（Vol.1、Vol.2）の著者でもある。このような物件（建築家が設計した集合住宅）を長年見つづけてきた。デザイナーズマンション・ブーム以前と以後では状況が大きく変わり、賃貸住宅においてもデザイン性が重要だということを多くの人が再認識した。ファッションや家具、家電にこだわる人たちは、当然インテリアにもこだわる。ところが、彼らを満足させる物件は、それまでの賃貸住宅のなかにはなかった。デザイナーズマンションの登場で、不動産業界の状況は大きく変わった。だが、日本人の生活スタイルは変わったのだろうか。

日本は、戦後、住まいやファッション、映画、音楽、アート、サブカルチャーにいたるまでアメリカの影響を強く受けてきたが、靴脱ぎの習慣や床でくつろぐといったスタイルは畳が使われはじめた室町時代、いやそれ以前からまったく変わっていないようにも思う。明治時代以降の西欧文化の導入で、衣食住の混乱はあったが、それ以前の六世紀に仏教と一緒に中国文化が入り込み、奈良時代にも混乱があったことが想像できる。また、戦後のアメリカ軍のディペンデントハウス、雑誌や映画、テレビドラマなどから受けた影響は大きかったと思う。とくに戦後のモノがない時代を経験した人々にとって、アメリカ人の生活スタイルは豊かさの象徴そのものであったように思える。

日本人の暮らしは明治以降、表面的には大きく変わったように見えるが、本質的には何ら変わっていないのではないか。そして、日本人にとって「普通の生活」とは何か。日本人の暮らしは本当に豊かになったのだろうか。

目次

第1章　起居様式から考える

靴脱ぎという習慣

なぜ、日本人は靴を脱ぐのか。

靴を脱いで生活することが日常化している日本人は、靴を履いたまま生活する人たちの生活に接しなければ、「なぜ、日本人は靴を脱ぐのか」という疑問をいだくことはないだろう。

欧米では靴を履いたままの生活がほとんどだが、アジア一帯のモンスーン地域は夏湿度が高く、雨期には河川が氾濫することから高床式住居に暮らしてきた。そこでは靴を脱いで生活する人たちがほとんどだ。欧米は靴を履いたままで、アジアでは靴を脱ぐのかというと、そんなに単純な構図にはなっていない。

『地球家族――世界30か国のふつうの暮らし』を見てみると、三〇カ国中、室内で靴を脱いで生活している様子がわかる資料が七カ国ほどあった。アジア圏のほとんどの国は、椅子を用いず床に坐る「床坐《ゆかざ》」の生活で、靴を脱いで暮らしていたが、中国（雲南省）は床が石や土のため椅子式の「椅子坐《いすざ》」の生活で、靴を履いたまま暮らしていた。

ヨーロッパでも例外はあり、冬の寒さが厳しいアイスランドでは靴脱ぎの生活をしている。北欧などもそうだが、室内の温度を保つためにウチとソトのあいだに風除室を設け、室内に入る前にはここで濡れた衣類を乾かし、足の汚れを落として室内履き（上履き）に履き替える。アイスランドには木材がないので、家のなかに暖炉はない。暖房は凍土の下の火山熔岩の熱でまかなっている。家全体が暖かいためか、彼らは靴を脱いで暮らしている。

そういえば、隣の韓国は日本よりも冬寒いためオンドル部屋があった。オンドルとは（昔の薪で焚いた外竈《そとがま》のお風呂のように）竈《かまど》を焚いて出る煙を床下に引き込んだ床暖房のこと。床暖房になったオンドル部屋は、熱を外部に逃がさないようにするため、床・壁・天井に韓紙や油紙を張りめぐらした。床暖房は素足のほうが心地よく、また床材が紙だと汚れたり傷ついたりすることから日本と同じように靴を脱いで生活するようになったのではないだろうか。

日本で、畳が登場するのは意外に早く、奈良時代に編纂された『万葉集』にはすでに八重畳の記載がある。莚《むしろ》や蓙《ござ》のような薄い敷物もあり、それらを重ねたり、畳んだりして使ったと思われる。畳は「たたむ」が語源で、畳めるもの、重ねられる敷物すべての総称として「畳」と呼んだ。平安時代になると、敷物としての置畳が登場し、寝殿造りの邸宅内に置畳が配置された。鎌倉時代には武家屋敷の寝所に畳が敷かれ、布団《ふとん》は茵《しとね》（褥《しとね》）ともいい、畳と同じ敷物であったが、この時代に畳から布団が分化する。畳の敷き詰めが広がったのは室町時代に入ってからで、書院造りの普及で座敷がつくられるようになった。だが、庶民が畳を敷きつめて使うようになるのは江戸時代に入ってからで、畳割りが建築の基準になり、畳の規格化によって普及していった。

畳と布団のルーツをたどると莚や茵にたどり着く、畳はもともと寝具・坐具であったようだ。そのためか、畳の上に布団を敷くと畳が布団の延長のように感じられる。

日本では外（ソト）から内（ウチ）に入るとき、「ウチに上がる」、また室内履きを「上履き」という。

これは日本では高床式住居に暮らしてきたからで、畳が敷かれた空間は神聖な領域だったからではないだろうか。そのため、「玄関」「靴脱ぎ石」「上がり框」などはソトとウチの結界であり、「靴脱ぎ」という行為は「俗」から「聖」へ移行するための通過儀礼であったといえる。

渡世人が堅気の人間になることを「足を洗う」というが、江戸時代に旅籠屋《はたごや》に着くと、旅人は草鞋《わらじ》を脱いでまず足を洗った。これも「俗」から「聖」へ移行するための通過儀礼であり、これまでのソトでの「悪い行い（穢《けが》れ）」を浄めるという意味で、「足を洗う」という言葉が使われるようになったのだろう。

では、靴はいつごろからあったのだろうか。

明治時代に西洋から伝わり、洋服の奨励で靴を履くようになったと思われがちだが、実はそれ以前、古墳時代に朝鮮半島より渡来し、豪族の間で沓《くつ》が用いられていた。奈良時代には「衣服礼」が制定され、貴族は職階により、履・沓・舄・靴・鞋などを履いていたとされる。そういえば、平安時代の貴族のあいだで流行った遊びに蹴鞠《けまり》があり、彼らも沓を履いて鞠を蹴っていたことが想像できる。

日本で靴を履いたまま生活したことはなかったのだろうか。例外もあったようだ。建築史家（日本住宅史専攻）の平井聖は次のように述べている。

その一つに、天皇は即位の式など公式の場合には、紫宸殿《ししんでん》の板床の上で、沓を履いている。これは、儀式そのものが中国から伝わった形式で、はきものを履いているのも中国式なのだと考えれば納得できる、建物だけが日本化して、基壇が板床に変わったということであろう。

もう一つは、江戸時代の末の浮世絵に描かれた遊郭内部である。花魁《おいらん》もそこで働く男たちも皆、草履《ぞうり》を履いている。（＊1）

飛鳥時代に中国から仏教が伝来し、それとともに衣食住においても中国の文化が入ってきた。八世紀に描かれたとされる聖徳太子の肖像画を見ると、烏皮沓《クリカワノクツ》を履いている。中国の建築、衣服、料理などが仏教と一緒に入ってきて広まり、それがしだいに日本化して独自のものになっていったのだろう。奈良時代には、よく知られているように都に住む上級官僚は、住宅をつくるとき柱などを丹（朱）で塗り、屋根を瓦葺き（青）したため、「あを（青）に（丹）よし」という奈良の都の枕詞《まくらことば》になっているが、そのような（青い瓦と朱の柱の）建物群が艶《あで》やかな景観をなしていたことが想像できる。

遊郭のなかではあらゆることが逆転していた。吉原などは軒に連なる提灯のあかりで、昼夜が逆転するほど明るく、遊女なかでも花魁が最高位でつねに上座に坐り、客は下座に坐った。花魁はつけられるかぎりの簪《かんざし》を髪にさし、帯は着物の前で結んでいた。そう考えると花魁やそこで働くものが室内で草履を履くといったタブーも許されたのだろう。

床《ゆか》は、奈良時代に大陸から伝わった建築様式では土間あるいは塼《せん》[注1]（敷き瓦）だったと考えられるが、土足で入る生活様式は、宮殿のような儀式的な場でしか用いられなかったようだ。そして、再び土足の生活が伝わったのは鎌倉時代で、このときも一般的な生活様式としてではなく、禅宗の僧たちの生活様式として伝わったもので、そのため土足の生活様式は禅宗寺院における修行の場だけに受け継がれているという。そして、三度目は明治維新で、こんどは大陸からではなく、欧米から洋服、洋食、洋風建築とともに土足の生活様式が伝わった。この西洋化の波で、多くの人が洋服を着て、椅子に坐って仕事や勉強をするようになったが、家に帰ると、靴を脱ぎ、畳の上で着物の生活をつづけた。

大正期に「生活改善運動」がおこり、椅子式の生活が奨励された。第二次大戦後は日常生活も洋服になり、椅子式の生活スタイルが増えたが、それでも靴を脱ぐ生活は変わっていない。この先も、この「靴脱ぎ」の習慣はなくならないのではないだろうか。

足裏の文化

江戸から明治へ、二百数十年つづいた江戸幕府による封建的支配体制が解体し、明治天皇を中心とした国家体制へと移り変わった。幕末から明治初年にかけての変革を明治維新と呼び、廃藩置県、四民平等、地租改正、太陽暦採用、斬髪・廃刀が許されるなど、それは「天動説」から「地動説」に変わったくらいの大変革だったが、ある日突然「天動説」が間違いで「地動説」が正しいことがわかったといっても、一般庶民の生活が何ら変わらないように、生活スタイルは大きく変わることはなかったのではないだろうか。

第二次大戦後、一夜にしてこれまでの価値観が一八〇度方向転換した。維新の変革ほどではなかったが、アメリカの影響を強く受け、いろいろな面で洋風化していった。明治の初期はマスコミ通信が未発達だったため、地方にまで情報がなかなか行き渡らなかった。戦後は（復興に時間を要したが）新聞・ラジオなどによるマスコミ通信によって、情報がいち早く伝わり、アメリカの生活スタイルの浸透も早かったようだ。それは日本が戦後、物資が不足し、食糧難、住宅難で国民が疲弊していたとき、アメリカにはモノが溢れ、電気冷蔵庫、電気洗濯機、真空掃除機、電気レンジ、電気パン焼器まであり、彼らの生活があまりにも日本の庶民の生活と掛け離れていたため、憧れの的となり、生活水準を上げることが先決だった。それがそのまま原動力となり、高度成長期を乗り切り、六〇年代末には日本の国民総生産（GNP）は自由主義国のなかではアメリカについで第二位となっていた。

坂本竜馬は靴を愛用していた。
だが、靴脱ぎの習慣はそのままで、それは今の日本人と変わっていない。靴を履いたままの生活を好み、実践した人もいただろう。竜馬と同郷で、三菱財閥の創業者として知られる岩崎弥太郎は洋館を建てたが、その裏に和館も建て、実際は和洋並列型の大邸宅だった。記録によれば、邸地を購入したのは弥太郎だったが、岩崎邸（岩崎家茅町邸）図1は三代久弥がイギリス人建築家ジョサイア・コンドルに設計を依頼し、一八九六（明治二九）年に完成している。弥太郎らは洋館では靴を履き、和館の畳の上では靴を脱ぐという、二重生活をしていた。

明治新政府の一連の政治的・社会的大変革は、封建的な制度を打ち破り、近代日本の出発点となったが、地方に暮らす農民は地租改正で地租を納める負担はいくらか軽減されたとはいえ、生活が変わるよ

図1　岩崎家茅町邸（東京都台東区）、1896（明治29）年竣工、設計はジョサイア・コンドル。竣工当時は洋館と和館が並列し、和館は日常生活空間、洋館は公的な接客空間として使い分けていた。和館は現存していない

コロニアル様式の洋館南側のバルコニー

上・洋館のファサード　下・メインホール

うなことはなかった。土門拳が、昭和初期に撮影した子供たちの写真を見ると、地方ではまだ着物《きもの》を着ている子が多いことがわかる。現在は明治維新（元年）から数えると、一五〇年近くになるが、一〇〇年、二〇〇年くらいでは、人の暮らし方はそう簡単には変わらないのだろう。

柔道を経験した人であればわかると思うが、夏ヒンヤリして心地よい畳が冬になると畳を敷き詰めた道場は空気がピーンと張り詰め、足の裏が凍てついて切られるような感触になる。受け身にしても、冬は寒さのため体が縮こまり、畳が凍りついているかのように感じられ、よけいに痛い。だから、冬場の柔道の稽古は、この張り詰めた空気のためか身も心も引き締まり、精神的にはたしかに清らかな気持ちになるが、体が畳にたたきつけられたときの痛さや足の裏の感触はいつまでも覚えている。

日本人は足の裏の感覚が敏感で、その感触から場の違いを感じ、それによって立ち居振る舞い方も変わる。そのためか椅子坐から床坐に変わると挨拶の仕方も自然に変わる。それは、私たち日本人は床坐での生活が歴史的に長く、畳がなくなり（フローリングに替わり）椅子坐の生活になっても、床坐の立ち居振る舞い方を身につけているからではないだろうか。それは、日本人のDNAに刻まれているかのように、体のほうが知っているような感じがある。

日本人は家のなかで靴を脱ぐ生活を長くつづけてきたせいか、足の裏が敏感になっている。草鞋《わらじ》や草履《ぞうり》は畳、下駄は板床の延長だと考えると、足の裏は畳の上に居るときと同じ感触の履物《はきもの》を好んだことがわかる。また、湿度が高いところでは草履や下駄のほうが、通気性がよく、床材と同じ材質のものが好まれたのは、靴脱ぎ（素足）の生活を心地よく感じていたからだろう。

貴族の主人などは寝殿造りの正面階段に牛車《ぎっしゃ》をつけさせ、履物を履かずに直接牛車に乗りこんだということがわかる絵巻（『春日権現験記』図2）もある。

日本人の「椅子坐」の暮らしと洋靴を履く生活は、考えてみると歴史は浅い。少なくとも高床式の住居が完成してからと考えると弥生時代の後期から、一般庶民が沓を履いていたかどうかはわからないが、ソトからウチに上がるときは足を拭くなり洗うなりして、靴脱ぎの生活をしていた。

また、明治時代以降に靴を履くようになるが、それにしても靴を履くようになった生活をはじめて一五〇年ほどしか経っていない。私たちには足の裏から感じとっていたものがある。それは畳表の藺草《いぐさ》が新しいときと古くなったときの違い、編み方の違い、板床の材質（スギ、マツ、クリ、ヒノキ、ヒバ、キリなど）の違い、夏になると細い竹で編んだ床材や油紙などを敷く家もあったが、足の裏がヒンヤリして気持ちがよかった。その微妙な違いを足の裏から感じとっていた。そのためか、靴下や足袋などを脱いで素足になったときも、靴を脱いだときと同じような解放感があり、心地よく感じられる。裸足で玉砂利や砂、土の上を歩くと気持ちがいいのは足裏マッサージと同じような刺激を受けるからだ。

この足裏の感触が、日本の気候風土に合った、さまざまな床材をつくってきた。これは足裏の文化であり、靴脱ぎも文化であり、それはそのまま日本の住文化とつながっている。

江戸時代、長崎・出島のオランダ人居留地では畳が敷き詰められた座敷に椅子とテーブルを持ち込み、

図2　鎌倉時代、玄関はまだなく、広縁から出入りしていた。主人が履物を履かずに乗り込むために、家来たちは寝殿造りの（南庭に面した）正面階段に牛車を着け、御簾越しに主人を待つ。『春日権現験記』（東京国立博物館所蔵）

図3　二百二十数年にわたる江戸時代の鎖国政策下で、唯一の対外貿易港だった長崎・出島のオランダ人居留地では、畳を絨毯のような敷物と考え、畳の上で靴を履いたまま生活していた。傍らの丸山の遊女は足袋、召使いは裸足で、ペットも畳の上で飼われていた。川原慶賀『唐蘭館絵巻』（長崎市立博物館蔵）。絵師の川原は、シーボルトの依頼で動植物画を描いたが、1826（文政9）年のオランダ商館長の江戸参府にシーボルトと同行し道中の風景画、風俗画等も描いている

靴を履いたまま生活していた様子が『唐蘭館絵巻』[図3]（川原慶賀）に描かれている。日本人は、土足で畳の上で飲んだり食べたりしている様子を見ると、尋常ではないと感じる。それは、「畳という神聖な領域を土足で踏みにじられた」ような気持ちになるからではないだろうか。それは、「床坐」の生活を長くしてきた民俗が共通してもつ感覚で、靴脱ぎという行為（習慣）が身についているからだ。

神の依《よ》り代《しろ》としての柱

民家には、土間と板張りや畳敷きになっている部屋とのあいだに、ひときわ太い大黒柱が立っていた。家の中央にあるこの柱は、一家の中心となる主《あるじ》にたとえられた。この大黒柱の起源を調べてみると、それほど古くはない。「桃山時代から近世初期にかけてそう呼ばれるようになったといわれている。ちょうどその頃、大黒様を祀《まつ》る大黒信仰が民間に広まった時期でもある。もともとはインドの忿怒《ふんぬ》の形相をした戦闘の神であった大黒天が、中国に渡って食堂を守護する神に姿を変え、さらに天台宗の開祖・最澄《さいちょう》によって日本にもたらされ、オオクニヌシノミコトと習合して大黒様となった。大きな袋を肩にかけた福神の姿は富をもたらす神、あるいは豊作をもたらす田の神として信仰の対象となっていった」（＊2）とある。

このように仏教が形を変えて民間に浸透していったから、二つの宗教が対立せずに融合し、神仏習合にいたったと思う。それゆえ、民家には神棚と仏壇があり、二つの宗教が見事に共存共栄している数少ない国ではないだろうか。それが、独特の日本文化を形づくってきたともいえる。

日本には巨樹信仰がある。

それにまつわる「御柱《おんばしら》」という祭事が諏訪地方には古代からあり、現在も継承されている。巨樹を切り、枝を切り落として柱にして山から運び出し、最後は柱を立てるという一連の行為が祭事になっている。途中「木落し」といった氏子が柱の上に乗ったまま、急な斜面を滑り落ちるといった勇壮なシーンがあり、振り落とされずに最後まで乗っていた氏子が勇気あるものとして讃えられるが、ときには死傷者もでる。諏訪湖の南北にわたって、上社本宮（諏訪市）と上社前宮（茅野市）、下社秋宮と下社春宮（下諏訪町）の二社四宮があり、各宮の境内四隅にそれぞれ長さ一六m、直径一mの柱が立っている。この合計一六本の柱は、寅と申の年にあたる七年目ごとに、二〇万人の氏子によって御柱祭が執りおこなわれている。

日本では、地鎮祭などのときに神籬《ひもろぎ》図4という、神を招来する場所として、四方の隅に棒状のものを立ててそれにしめ縄を張って囲い、聖域をつくり、そこで祝詞《のりと》を上げたりする。「御柱」で各宮の境内四隅にそれぞれに巨樹の柱を立てることで、同じように神の依り代としての聖域をつくっている。これは巨大な神籬であり、さらに各宮をひとつの柱と見立てると四宮、すなわち諏訪全体がまた神籬になっている。そう考えると、日本の伝統的な住居は四隅に柱を立て、その内側に畳を敷いて暮らしてきた。畳が敷かれた空間に聖性を感じるのは、柱が神の依り代として考えられた「巨樹信仰」、そして柱を四本立てし

図5　襖障子でしきられた鎌倉時代の公家屋敷。奥に几帳、手前に御簾、蔀戸。『春日権現験記』

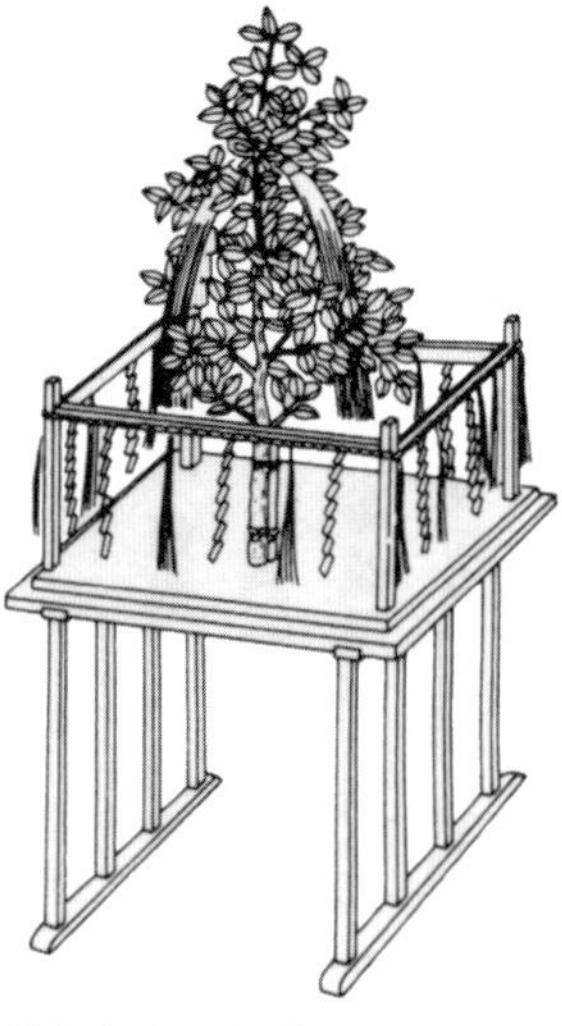

図4　神籬（ひもろぎ）『日本宗教事典』
村上重良　講談社学術文庫

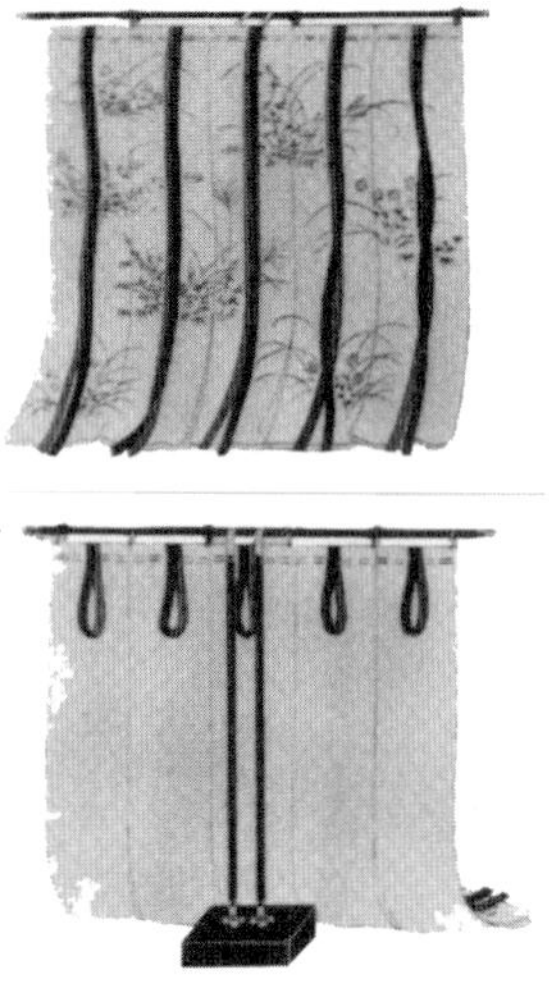

図6　几帳　『類聚雑洋抄』
東京国立博物館蔵

め縄を張った神籬とも関連しているからだろう。

場をしきる・間をしきる

飲み会などで、その場をしきりたがる人がいる。

人間関係を円滑にするということであればいいが、単なるしきりたがりもいる。寒くなると鍋物が恋しくなる。ひとつの鍋をみんなで囲んで食すのはいいのだが、それを公平に分配するとなると難しい。そうなると登場するのが「鍋奉行」だ。その場を鍋奉行にしきってもらい、大岡裁きのように、公平かつ迅速にとりはからってもらえるならば、時代が逆行しても絶対服従の封建制度を選ぶようだ。

相撲で場をしきるのは行司だが、行司は神聖な土俵の上で両者を立ち会わせ、勝負を判定し、勝者側に軍配を上げ、勝ち名乗りを授ける。最高位の立行司になると短刀を脇にさしている。行司差し違いをしたときは切腹の覚悟があるということを示すものだとか。命をかけて場をしきっているということだろう。

玄関や靴脱ぎ石、上がり框は、「聖」と「俗」のしきりで、「結界」である。しめ縄を吊した山門や境内、鳥居も結界であり、邪気を祓《はら》うという意味では青葉の生け垣や沖縄の石積みの「ヒンプン（衝立《ついたて》）」

も結界の役目を果たしている。御簾《みす》[図5]（細い竹を絹糸で編んで四周に縁をつけたもの）や几帳《きちょう》[図6]（台に柱を立てて、帷《とばり》をかけたもの）、壁代《かべしろ》（壁に代わるものという意で、布による間仕切り）、衝立、屏風《びょうぶ》にしても、ある意味「約束事のしきり」で、結界となっているが、いざとなれば越えることもできる。ただし、それを越えることはタブーとされ、暗黙の諒解で成立しているものだ。

そう考えると、（日本の伝統的な住まいは壁がほとんどなく）襖・障子には遮音性はなく、つねに声は筒抜け状態だった。たとえ聞こえてしまっても聞いた人は聞こえなかったことにし、襖が開いていて見えてしまっても見なかったというのがマナーで、プライバシーはそういった約束事でしか守れなかった。それが、子供が大人に成長していくうえでの情操教育にもなっていたようだ。

時間と空間を意味する「間」

音楽家のジョン・ケージ[注2]には、「四分三三秒」という作品がある。

曲の演奏時間である四分三三秒のあいだ、ケージがまったく楽器を弾かず最後まで沈黙を通した。これはケージが一九五二年に実際におこなったもので、静まりかえったコンサートホールは、聴衆自ら発する音やホール内外部から聞こえる音などに、聴衆の意識を向けさせる意図があったが、単なるふざけた振る舞いと見なす者、逆に画期的な音楽と評価する者もいて、論争を巻きおこしたという。音楽は空間と時間を必要とする芸術だが、「間」も空間と時間を意味する。「間」について、日本の漢文学者の白川静は次のように述べている。

ものとものとの間の空間。もとその中心をなるところをいう。場所的なものを意味する語であるが、時間的な間隔についてもいう。時間をいう語としては、「とき」が特定の時間を指示するのに対して、「ま」はその経過的な時間を含めていう。（＊3）

そういう意味で、また相撲を例にあげると、行司は場をしきるのと同時に、立ち会いの間合いもしきっている。力士の呼吸が揃ったところで軍配を返して「待ったなし、発揮揚々、残った残った」となる。現代の行司は、大相撲のテレビ放映の時間枠が決まっているので、最後の大一番が時間通りに終わるように、取り組みの間合いをはかり、時間が押してくると立ち会いを早め、間合いを詰めている。相撲解説のようになってしまったが、実は日本の国技や伝統芸能において「間」は重要である。「間」に関して共通していえることは、ことをうまく運ぶうえでの頃あいを見計らい、タイミングがいいと「間がいい」といわれ、はずすと「間が悪い」「間違い」「間抜け」となる。

ほかにも「間に合う」「間を持たす」「間を取る」といった「間」に関連した表現がたくさんある。「間を取る」という表現は、「間取り」につながる。この場合の「間」は時間的な間隔ではなく、もの（柱）とものとのあいだの空間を意味するが、間をどのように取るかで、畳割りのプラン（平面図）だけで家を建てることができた。それによって生まれた空間は、襖・障子などでしきられた「間」であり、「大広間」「奥の間」「仏間」「応接間」「茶の間」「居間」などと呼ばれた。いつの間にか「茶の間」はなくなりリビングになったが、テレビ局のアナウンサーは、「お茶の間のみなさん」と今も呼びかけている。

注1　塼（せん）　粘土と砂を混ぜ、型枠のなかで成型して天日で干した日干し煉瓦（れんが）、素焼きのテラコッタ煉瓦、低火土還元焔焼成でいぶした焼成煉瓦などの総称。INAX BOOKLET『中国のタイル』

注2　ジョン・ケージ（1912-1992）アメリカの音楽家、作曲家、詩人、思想家、キノコ研究家。実験音楽家として、前衛芸術全体に影響を与えた。日本には六〇年代に作曲家の一柳慧によって紹介された。

◎引用文献

＊1　『日本人とすまい1　靴脱ぎ　KUTSU-NUGI』　リビングデザインセンター　光琳出版社　一九九六

＊2　『日本人とすまい4　柱　HASHIRA』　リビングデザインセンター　光琳出版社　一九九九

＊3　『字訓』　白川静　平凡社　一九八七

コラム1

土間

土間。『広辞苑』には、「家の中の床を張らずに、地面のまま、或いは、たたきなどにしたところ」とある。『建築学用語辞典』には、「現代では石敷、コンクリート打ち、タイル張りなどの場所を呼ぶこともある」と。

土間は民家には必ずあり、そこには竈《かまど》があり、そこは台所であり、家族という単位でおこなう生産の場でもあった。

建築家が土間を現代の空間として甦らせた

建築家の中村好文さんが設計した「ASAMA HUT」を訪ねたとき、南北に抜ける「通り庭」(町家の表口から裏口へ通り抜けることができる空間)になった土間があった。この土間が家の真ん中にあり、かつ空間を東西に分けていた。赤褐色のたたきのようなモルタルの土間には薪ストーブがあり、その周りを囲むように小さな椅子が置かれていた。

そこに居ると、一気に太古の昔、縄文時代へとタイムスリップしていくような錯覚を覚えた。

火が家の中心にあり、その周りを人が囲む。モンゴルのゲルもネイティブ・アメリカンのティピもそうだが、そこには家の原型を感じる。中村さんは、この「ひとつ屋根の下に暮らす」という感覚を大事にしている。

土間はどこかで、縄文時代の竪穴住居とつながっている。地上から離れた高床の住居ができるまでは、土間で生活していた。地面を一mから一・五mほど掘り下げて、その上に簡単な屋根を架けたものだ。地中は年間を通じて温度が一定だ。冬は温かく、夏は涼しいということだが、日本のように高温多湿の気候では、梅雨時や夏は過ごしづらかったのではないだろうか。

南方から稲作と一緒に高床式の住居も入ってきて、板張りの床がある民家になっていった。農家の土間がある「田の字型プラン（古民家の代表的な間取り）」は、竪穴住居の土間と高床住居の板張りが見事に結びついたプランではないだろうか。

さて、現代の住まいだが、建築家が設計する住宅には、なぜかこの土間があるプランが多い。それは、竪穴住居につながる土間かどうかはわからないが、外と内、公と私を結ぶ中間領域になっている。町家の土間（通り庭）に近く、外部とつながったパブリックな場としてつくられている。

建築家が設計する集合住宅でも土間があるものが増えている。それはSOHO対応型の物件に多く見られる。建築家の木下道郎さんが設計した「二軒家アパートメント」の住戸には白いタイル張りの土間があり、また縁側のような半外部空間まである。

土間は知的生産の場へ

かつて土間は（農家では）生産の場であったが、住宅の西欧化や近代化によってしだいに消えていった。だが、ワークスタイルが変わり、コンピュータなどを使って自宅で仕事をする人たち（SOHOワーカー）が増え、土間は知的生産の場として復活しつつある。

（二〇〇五年二月）

第2章　間取り

森鷗外・夏目漱石が暮らした借家（続き間）

森鷗外と夏目漱石が、同じ借家に住んだことがある。図1 といってもー緒に暮らしていたわけではなく時期をずらしてだが、当時本郷区千駄木町にあった家に、一八九〇（明治二三）年から九二年にかけ、千朶山房《せんださんぼう》と名づけて鷗外が住み、その後漱石が一九〇三（明治三六）年から〇六年まで暮らした。現在、その家は愛知県犬山市の博物館明治村に移築されている。

一九〇五（明治三八）年から、漱石は『吾輩は猫である』の執筆にかかる。この家を舞台にした珍野《ちんの》苦沙弥《くしゃみ》先生一家の暮らしを描いている。苦沙弥先生の家族構成は、夫婦と三姉妹と下女の六人、漱石の家族構成も同じだった。家の間取りも小説のなかの家と現実の漱石の違いは、書斎が六畳か八畳かくらいの違いだった。

漱石は、一九〇三（明治三六）年に重い神経衰弱の症状をかかえて二年半ぶりにイギリスから帰国する。西洋の石や煉瓦《れんが》でつくられた建物は、構造の関係で窓が小さくなる。壁の面積は圧倒的に西洋のほうが大きく、四方を壁で閉ざされた感がある。部屋にいるとプライバシーは守られるが、逆に漱石にはいつもどこかで監視されているのではないかという恐怖があったようだ。異国の暮らしに馴染めず、かぎりない孤独感から持病の神経症が悪化したといわれている。

千駄木の家は、座敷が東西に三つ、北側の茶の間とその隣の座敷を含めると五つの畳部屋が連なった「続き間」図2 になっていて、南側に縁側があった。帰国して千駄木の家に暮らしはじめた漱石の様子を関川夏央は、『「坊ちゃん」の時代』（関川夏央・谷口ジロー）のなかで次のように述べている。

木と紙とで造られ、通風と開放性に極端にすぐれた東京の山の手の家屋はわずかずつ漱石の心をなごませはしたが、その治療の速度はきわめて遅かった。家の西側は郁文館中学で、北側には二弦琴の師匠が住んでいた。また東には道をへだてて下宿屋があり、学生たちが多く住んでいた。漱石は彼らに覗き見られ、監視されているのではないかという妄想から自由になることができなかった。

日本の家屋は開放的で、プライバシーといったものがなく、そういう環境に長く暮らした人間が、日本とはまったく環境が異なるヨーロッパのような石や煉瓦でつくられた建物に暮らしたらどうなるのか。当時イギリスに渡った日本人はまだ少なく、引きこもるかたちになり孤独感にさいなまれたのは間違いないだろう。

一九〇四（明治三七）年に、漱石が暮らす千駄木の家に一匹の黒猫が迷いこんできた。その猫が、『吾輩は猫である』のモデルになった猫であるといわれている。漱石は開放的なこの家と猫に癒されたのではないだろうか。

長い縁側が南にある家は「外廊下」型ともいえる間取りで、この東西に延びた外廊下は、向田邦子のドラマ（昭和三〇年代の山の手近郊の家族を描いたもの）の舞台になった家も、このような外廊下型の家で、長い廊下があり、廊下の突き当たりにトイレがあり、トイレから出ると、手洗いのための手水鉢《ちょうずばち》

図1　東京本郷（文京区）千駄木57番地にあった森鷗外・夏目漱石が暮らした借家。建設年代は1887（明治20）年頃。現在、愛知県犬山市にある博物館明治村に移築。『博物館 明治村』

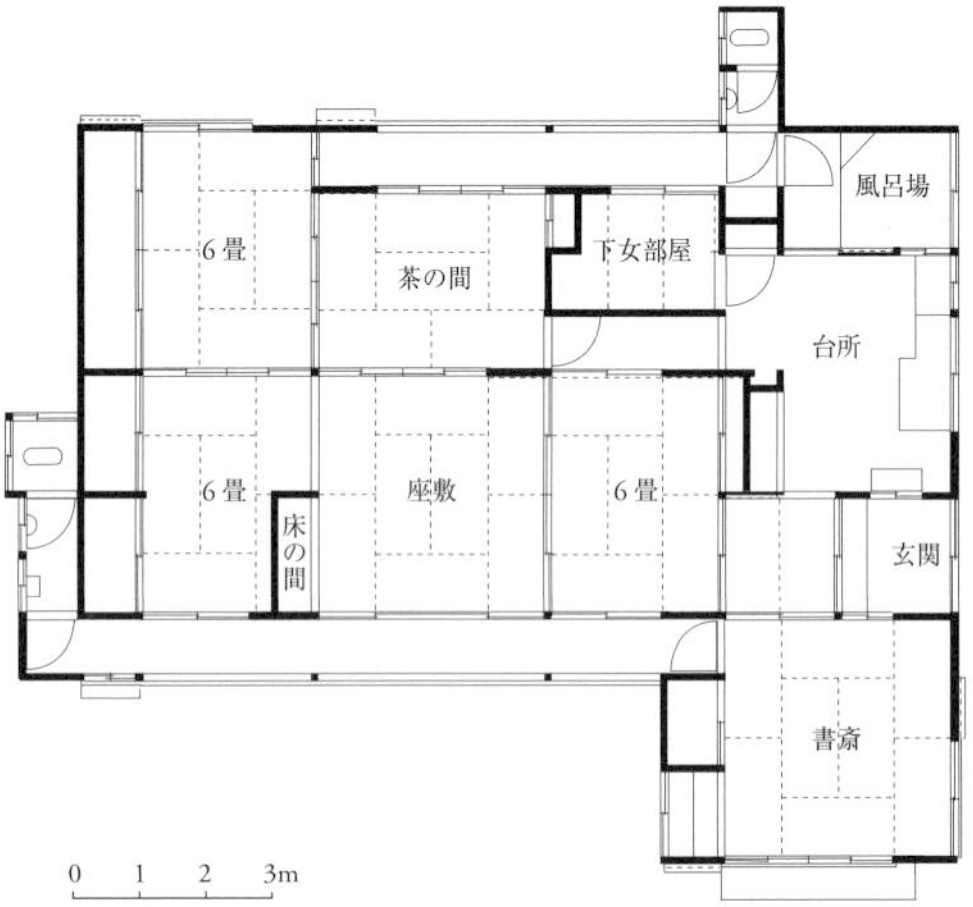

図2　森鷗外・夏目漱石が暮らした借家の間取り。襖を取り払うと、「座敷」と「次の間」がひと続きなった間取りを「続き間」という。続き間では接客の儀礼が重視された。主に、冠婚葬祭のためにつくられた間取りである。約38坪

が廊下の外の軒下に吊してあった。

玄関について調べてみると、玄関が庶民の暮らしに普及したのは江戸時代後期から明治にかけてで、意外に歴史が浅いことがわかった。建築家の浜口ミホは、玄関は封建制度のなごりであるので、「玄関という名前はやめよう」（『日本住宅の封建性』）と説いている。では、それ以前はどうしていたのか。日本の家屋は開放的で、広縁（縁側）が周囲にあり、そこから出入りしていたようだ。縁側は玄関の機能も兼ねていた。また、リビングの機能もあり、家族がくつろげる場所で、近所の人たちも気軽に立ち寄り縁側に腰掛けて世間話をしていた。住宅のプランからこの縁側が消えた時点で、地域のコミュニティが崩壊していったように思える。

この縁側について、関川夏央は前書で次のように述べている。


むかし、日本の都市家屋には縁側というものがあった。

もっとも重要な部屋である居間はかならず縁側を持ち、ガラス障子が畳と板の境界をつくっていた。さわやかな風の吹く日には縁側をいっぱいに開け放って風を通し、あたたかい日には家長は縁側で爪を切った。

縁側の向こうは小さな庭で、下界とは生け垣でへだてられていた。垣はおおむね、ひとの胸までの丈しかなく、それは通行人の視線をはねかえすためではなく、むしろ結界という象徴的意味をになわされていた。誰でも居間を見ることができたし、居間から外界を見とおすこともできた。

当時の日本には人の胸のうち以外には秘密は存在しにくく、明治期のすぐれた教養人たちも、プライバシーという言葉にはついに適切な訳語を与えなかった。

その後、プライバシーを守るために生け垣は板塀やブロック塀に替わり、防犯上の理由から縁側が消え、玄関もガラスの引き戸からドアに替わっていった。

「続き間」は冠婚葬祭のためのもので、二間以上の同じ幅の部屋を連続させ、部屋の間仕切りを襖や板戸にしている間取りのことで、玄関から座敷の部分は江戸時代の武家屋敷の形式を受け継いでいる。一番いい部屋である座敷はあけてあり、そこは客間でハレの日の舞台でもあり子供たちもその部屋に入ることは許されていなかった。

この千駄木の家について、建築史家の平井聖は次のように解説している。


鷗外・漱石が住んだ家の「続き間」のような古い型では、玄関に入ると、次の間、座敷の主室と並ぶので、まさに「続き間」である。めったにないことであるが、もし来訪者のほうが主人より身分が高ければ、客を床の間の前に案内し、主人は次の間へさがる。自分のほうが客よりも身分が下という態度を、はっきりと示すことになる。（＊1）

向田邦子のドラマにもそういったシーンがあり、主人は勤め人であるが上司が家にたずねてくると床の間がある座敷に通し、家族全員でおもてなしをするのだが、江戸時代の下級武士の住まいでも上司がたずねてきたときは、下女や下働きの者がいたと思うが、家族も駆り出され同じような光景が見られたのではないだろうか。この千駄木の家の「続き間」は、明治から大正にかけて長く受け継がれてきた間取りだった。座敷は日当たりのよい南側に、家族の部屋である茶の間は北側に位置している。接客中心の間取りは、昭和初期になると少し変化が見えはじめ、「中廊下型」となる。南側の接客用の続き間と、北側の茶の間は廊下で隔てられ、プライバシーを意識した間取りになっている。

家族中心の間取りへと移行していくなかで、封建的な意味合いを残す「続き間」は姿を消していった。だが、そのような間取りは消えても、武家社会の封建制度的な考え方や仕来《しきた》りはサラリーマン社会に引き継がれているように感じられる。

同潤会アパート・個室の登場

明治から大正に入ると、都市への急激な人口集中で住宅不足がおこり、不良住宅やスラム化が社会問題になっていた。また、第一次世界大戦の長期化で、空前の好景気に沸きかえっていた日本経済は、戦後間もない一九二〇（大正九）年、一転して深刻な不況にみまわれた。さらに追い打ちをかけるように、一九二三（大正一二）年に関東大震災がおこり、東京・横浜の下町はほとんど焼失した。死者・行方不明者は一〇万人を超え、被災者は三四〇万人以上という大惨事だった。そういった状況のなかで、罹災

図 3　東京本所の中之郷アパートのモダンな外観。1926（大正 15）年竣工。『同潤会十年史』

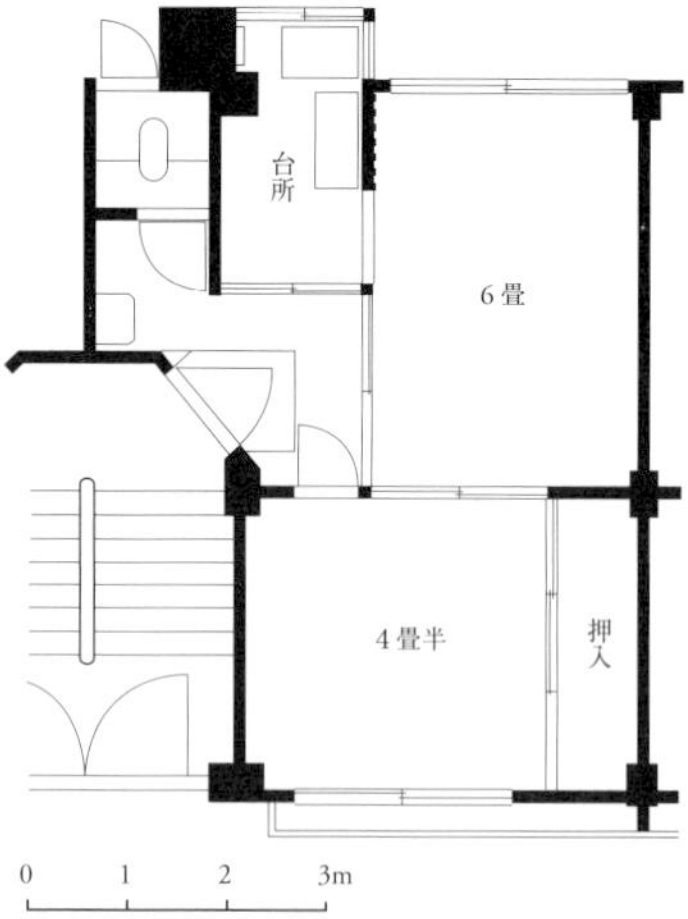

図 4　最も多くつくられた同潤会アパートの 2K タイプの間取り。6 畳と 4.5 畳、台所と水洗トイレ付き。水道・ガス・電気も備わっていた。玄関を入ると板の間で、ほかの部屋を通らなくてもすむように設計されている。竣工 1926（大正 15）年。8 坪

者救済を担ったのが、一九二四（大正一三）年に義援金で設立された財団法人同潤会だ。

同潤会アパート図3・図4は、東京・横浜の一六カ所に、一九二六（大正一五）年から三四（昭和九）年のあいだに竣工した集合住宅で、実現した全戸数は二七九五戸。構造は、不燃構造として鉄筋コンクリート造が採用された。それは死傷者のほとんどが、地震後の木造密集地での火災によるものだったからだ。この時期に建設された同潤会アパートは復興住宅であったが、定住型の都市住居で、最先端の生活空間を提案している。住戸面積は平均すると一〇坪足らずだが、家族向け八七タイプ、単身者向け四一タイプの間取りが用意されていた。設備は、電気・ガス・水道、水洗トイレまで備わっていた。

大正末期にモボ・モガ（モダンボーイ、モダンガール）と呼ばれた都会型のファッションが流行するが、そういった人たちの登場と、同潤会アパートの新しい生活スタイルが重なり、新しい時代の到来を感じたのではないだろうか。

探偵小説が誕生するためには、一定の社会的条件が必要であるという。

単身者向けの個室が七一六戸もあった同潤会アパートは、一定の社会条件に含まれるのではないだろうか。『乱歩と東京』の著者、松山巌は次のように述べている。

部屋を戸締まりできることは、探偵小説の主要なモチーフである密室が誕生したことである。翻ってみれば、登場人物のプライバシーを推理する小説が探偵小説であり、プライバシーが具体性を帯びたことこそ、探偵小説を生み出す基盤となったといえる。

大正末期から昭和初期に、江戸川乱歩が描いた探偵小説の背景には、この同潤会アパートもあり、小説のなかの明智小五郎はお茶の水にあった「開化アパート」に暮らす設定になっていた。それは同潤会アパートとほぼ同時期に建てられた「お茶の水文化アパート」（設計：W.N. ヴォーリズ）だと松山はいう。ただ、この「お茶の水文化アパート」は、一〇坪ほどの部屋だったが、壁収納になったベッド、機能性を追求したコンパクトなキッチン、大型のクローゼットを備えたドレッシングルームなどを備えたホテル感覚の高級集合住宅だった。一階には社交室や食堂、地下には洗濯室、乾燥室、車庫まであった。

同潤会アパートは老朽化でほとんどが取り壊され（上野下アパートが残っているが二〇一三年取り壊し予定）、青山アパートも取り壊され、安藤忠雄設計の表参道ヒルズ（竣工：二〇〇六年）が建設されたときに、青山アパートの一部が復元された。これがヨーロッパであれば景観が守られ、新築以上の費用を要しても耐震補強など施して再生したと思うが、日本の耐震基準は厳しく取り壊さなければならなかったようだ。

第二次大戦後に郊外に建てられたマンモス団地は、南側にバルコニーがある、ビルディングタイプの住棟がいくつも並行に配置されていた。各住戸は家族向けがほとんどで、間取りもほとんどが同じタイプのものだった。それに比べ、同潤会アパートは、家族向けも単身者向けも用意され、豊富なプランバリエーションが用意され、集合住宅はコの字型、ロの字型に配置されたものもあり、ヨーロッパの都市型集合住宅のような印象がある。中庭は住人だけの外部から守られた空間で、都市の喧噪を感じさせない静けさと長い年月のあいだに緑が育った豊かな環境があった。

鷲田清一が、『団地の空間政治学』（原武史）という本の書評で朝日新聞（二〇一二年一〇月二八日付）に書いていた。鷲田は単身赴任で大阪の千里ニュータウンに暮らした経験がある。「一〇年暮らしても、その地域コミュニティの一員であるという感覚に浸ることはついになかった。（中略）隣人と接するのは、ゴミ収集日という、よりによって行政によって設定された機会だけだった。関係を紡ぎだそうと動かなかったら、どんどんじぶんのうちに陥没していそうな、生活だった」と前述し、次のように述べている。

こうした暮らしのなかでなんかヘンだなと思いながら問いつめられなかった二つの通説、それがこの本を読んで氷解した。一つは、団地やニュータウンの生活は、コンクリートの壁とシリンダー錠で私的生活を隔離することによって人びとをしがらみから解き放ったが、それとともに地域コミュニティを修復不可能なまでに崩壊させてしまったという説。いま一つはスーパーマーケットに象徴されるモダンで快適な消費生活が、アメリカの中間階級の暮らしぶりをモデルに構築された説。

これに対して著者が提示するのは逆方向からの視点だ。一つは、室内だけでなく団地という空間の全体を見ること。いま一つは、同型の棟の林立する風景が、アメリカの郊外のそれとはまるで違い、旧社会主義国のそれに酷似していること。

団地が完成した当初（一九六〇年代）は、私生活主義とは逆のベクトルの自治活動が芽生えていた。働く女性たちによる保育所開設運動から、都心部への通勤手段である鉄道の運行改善要求、さらには行政・公団・電鉄に対する提案や批判へと展開してゆく地域民主主義の活発な活動があったと著者の原武史は指摘している。そして、どこのマンモス団地も同じだが、竣工後半世紀を経て、建物の老朽化と住人の高齢化という問題をかかえている。若い人たちが、すでに築かれたかつてのコミュニティのなかに入っていける仕掛けをつくり、新たなコミュニティづくりができれば、再生が可能なのではないだろうか。

個室の誕生は、日本人の生活スタイルを大きく変える要因になった。

「都市生活の軋轢《あつれき》は人々に外面で生活することを要求する。けれど人は外面のみでは生きられない。外面と分裂された内面を取り戻す場所を必要とする。他人の視線を意識しないですむ場所が必要となる。戸締まりのできる個室によって人は自己回復をし得たのであり、ここで初めてプライバシーなる概念が具体性を帯びてくる」と松山巖は『乱歩と東京』のなかで述べている。

日本人はそれ以前、鍵をかける必要がない村社会で、開放的な住居に長く暮らしてきた。同潤会アパートのようにひとつの鍵だけで戸締まりができる住居に暮らすことで、「プライバシーなる概念が具体性を帯びてくる」ということは、居住形態が変わることで、日本人の精神構造までもが変わってしまったのだろうか。

かつては顔見知りであれば、よその家でも子供たちは自由に出入りしていた時代があり、その頃は「座敷わらし」がいたのだろう。

地方都市や農村や漁村にもハウスメーカーの住宅が建ち並び、東京郊外の風景と変わらなくなってきた。プライバシーを手に入れると同時に、地域のコミュニティが少しずつ崩壊していった。現在は、あらゆるものが急激に変化する情報化社会の軋轢で多くの人が疲弊し、自己回復のためにプライバシーを守る密室が必要になった。

密室のなかではパソコンやスマートフォンなどを使って、電話やEメールで友人、インターネット（フェイスブックなどのソーシャルネットワークサービス）で知り合った世界中にいる人たちともつながり、その地域のコミュニティとはまったく別の新たなコミュニティが誕生している。

サザエさんの家・外廊下

磯野家の住まい[図5]は、東京都世田谷区新町にあった。

昭和二〇年代は、まだ住宅も少なく郊外の様相を呈していたが、今では都心に近い高級住宅地である。平屋で一戸建て、『磯野家の謎』（東京サザエさん学会／編）には、「当時はそれほど高くなかったであろう世田谷区新町も、現在（平成四年時）の価格にすれば一坪六五〇万円。一家七人、二世帯が暮らし、なおかつ庭で猫や鶏を飼おうとしたら、最低でも一〇〇坪はないとやっていけないだろう。六五〇万円かける一〇〇坪、土地だけでなんと磯野家の資産は六億五〇〇〇万円になる」とある。そうなると、も

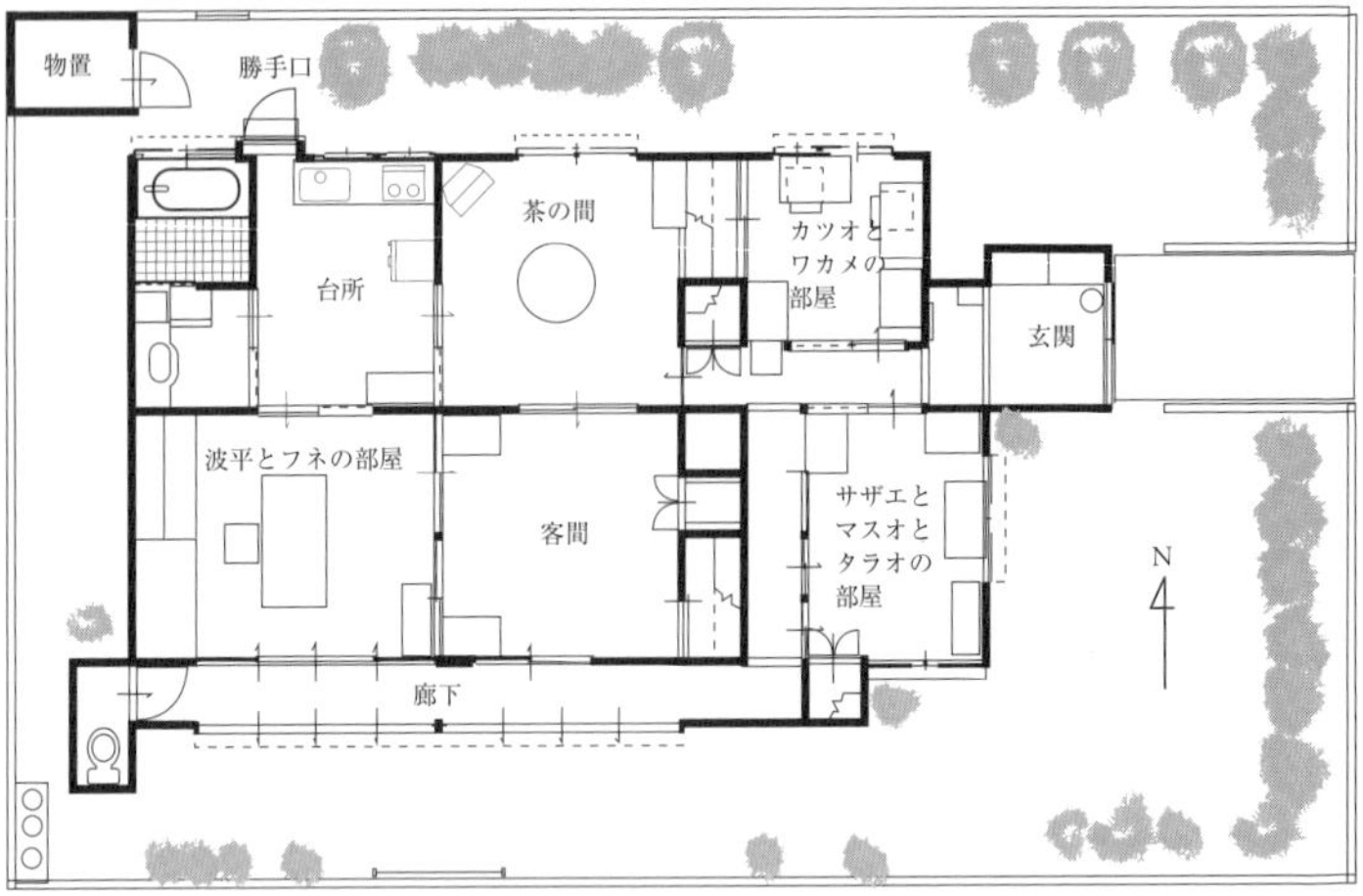

図5　東京・世田谷区新町のサザエさんの家の間取り。『磯野家の謎』（東京サザエさん学会／編）によれば、当初は借家だったが、買い取って持ち家にしたとある。中廊下と外廊下を結ぶ廊下があり、サザエたちの部屋が離れになっているが、「続き間」の痕跡も見られる

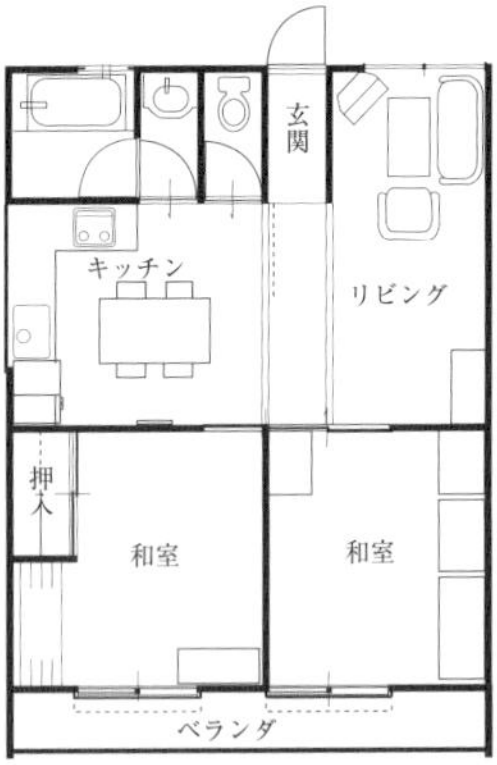

図6　磯野家から程よい距離にあるノリスケのアパートの間取り。『磯野家の謎』によれば、1953（昭和28）年にノリスケはタイ子と結婚し、最初は1DKの間取りのアパートに暮らし、その後イクラが生まれ2DK（図面は2LDKになっているが）に引っ越している。ノリスケ夫婦は住宅公庫に応募して当選、ということから新しい家は賃貸ではなく、分譲マンションだった

う庶民の生活ではない。たしかに、勝手口があり、ご用聞きがたずねに来る家は昭和三〇年代くらいまではあっただろうが、現在そのような家は家政婦がいる旧家や豪邸くらいではないだろうか。

この新町の家は、最初は借家だったそうだ。「戦前の都市住宅の大部分は借家で、一九四一（昭和一六）年の二四都市の住宅調査では借家住宅の比率は七六％を占めていた」（西山夘三著『すまい考今学――現代日本住宅』）。戦後二、三〇年はそれほど変わっていないだろう。そういえば、森鷗外・夏目漱石が暮らした千駄木の家も借家だった。ところが、サザエさんの家は大阪万博があった一九七〇（昭和四五）年から七一（正和四六）年のあいだに買い取り、持ち家になっている。ちなみに、ノリスケも1DKの賃貸アパートからの住み替えで、2DKの分譲マンション[図6]に引っ越している。

サザエさんの家が持ち家になったことについて、『磯野家の謎』には次のように記されている。

> 世の中の好景気が磯野家の給料やボーナスにも反映したのだろうか。それとも生活費を節約してきたことがここでようやく実ったのだろうか。（中略）
>
> もし現在まで連載が続いていたとしたら、波平は莫大な相続税の心配をしなくてはならなかっただろう。それとも本当にそこを売って、一家全員郊外でリッチな生活にひたるか……。マスオとカツオの間で相続争いということも、一応考えられる問題である。

サザエさんの家は、相続税はどうするのかといったオチまであるが、現実問題となれば、深刻な問題である。

さて、サザエさんの家の間取りを見てみると、鷗外・漱石が暮らした千駄木の家と同じ「続き間」であることがわかる。台所と風呂場が西と東で入れ替わっているが、茶の間は北側、南側に外廊下があるなど、ほとんど同じである。千駄木の家は書斎が南側に突き出し、家の配置としてはL字型になっているが、部屋の数は同じで、サザエさんの家の南側も同じ幅（広さ）の三部屋が並んでいる。だが、この家は二世帯住居のため、マスオとサザエとタラオの部屋と中央の客間のあいだには廊下があり、三部屋をつづけて使うことはできないが、原型としては典型的な「続き間」である。

このサザエさんの家も、封建時代の対面の場を受け継いだ「座敷」と「次の間」がある武家屋敷の気配が残っている。波平とフネの部屋は西南の角部屋で、波平は床の間を背にして、いつも着物姿で坐っている。波平は、家長であるということを感じさせるが、亭主関白ではない。向田邦子の『父の詫び状』で描かれている父親は「亭主関白」だった。戦後の民法改正でかつての家制度が廃止され、同時に家長制度も廃された。家のなかで亭主が「風呂、飯、寝る」の三語ですんだ時代は終わり、出勤する夫の靴を磨く妻や子供の光景は見られなくなった。

ちびまる子ちゃんの家・中廊下

『サザエさん』（長谷川町子）の連載は、戦後間もない一九四六（昭和二一）年からはじまったのに対し、『ちびまる子ちゃん』（さくらももこ）の連載は、一九八六（昭和六一）年から少女雑誌に連載された。ちびまる子ちゃんの舞台は一九七四（昭和四九）年から七五（昭和五〇）年の静岡県清水市（現在静岡市清水区）、作者のさくらももこ自身と家族、友だちが繰り広げる日常を描いたマンガで、『サザエさん』同様アニメ作品にもなり、どちらも現在までつづく国民的なアニメ番組になっている。時代背景が三、四〇年ほど異なるが、どちらも主人公を中心にその周辺でおこる日常的な出来事をドラマ化したもので、ほのぼのとした昭和の家族の団欒《だんらん》が描かれている。

ちびまる子ちゃんの家[図7]を見ると構成は似ているが、さすがにこの時代になると南側に全面開放した長い外廊下はなくなり、昭和初期に多く見られる「中廊下」型の間取りになっている。台所を除いた四部屋はすべて畳敷き、北側の台所と浴室のあいだにひろし（父）とすみれ（母）の部屋（六畳）、ももこ（まる子）とさきこ（姉）の部屋（八畳）と友蔵（祖父）とこたけ（祖母）の部屋（六畳）がある。多分、友蔵たちの部屋は南西の角部屋で、広縁と外側に突き出た濡れ縁がある。

南側の三部屋は同じ幅（広さ）の部屋が連続しているが、すべて壁や押入でしきられているので「続き間」ではない。周囲に広縁があった日本の伝統的な家屋と比べると壁が多く、磯野家のような開放感はなくなっている。家族構成は、磯野家は両親と長男と次女、長女のサザエさんと夫と長男の七人に対し、さくら家は両親とちびまる子ちゃん（ももこ）と姉、祖父と祖母の六人、二世帯住居で三世代が同居しているのは同じだが、壁の面積が増えて「続き間」から個室になり、家族のプライバシーを守るような間取りになっている。畳、襖・障子という構成と間取りは同じようだが、そこに昭和二〇年代の家族と、昭和五〇年代の家族の三〇年の時間の隔たりが感じられる。

図7　静岡県清水のちびまる子ちゃんの家の間取り。昭和40年代以降になるとプライバシーの問題から個室化が進み、各部屋は壁でしきられ、家全体が閉鎖的になる。朝は台所脇のダイニングテーブルで椅子坐、夕食は8畳の茶の間で3世代が一緒に座卓を囲むため床坐。現在、畳が敷かれた部屋があっても一室くらいだが、昭和40年代くらいまでは畳敷きが一般的だった

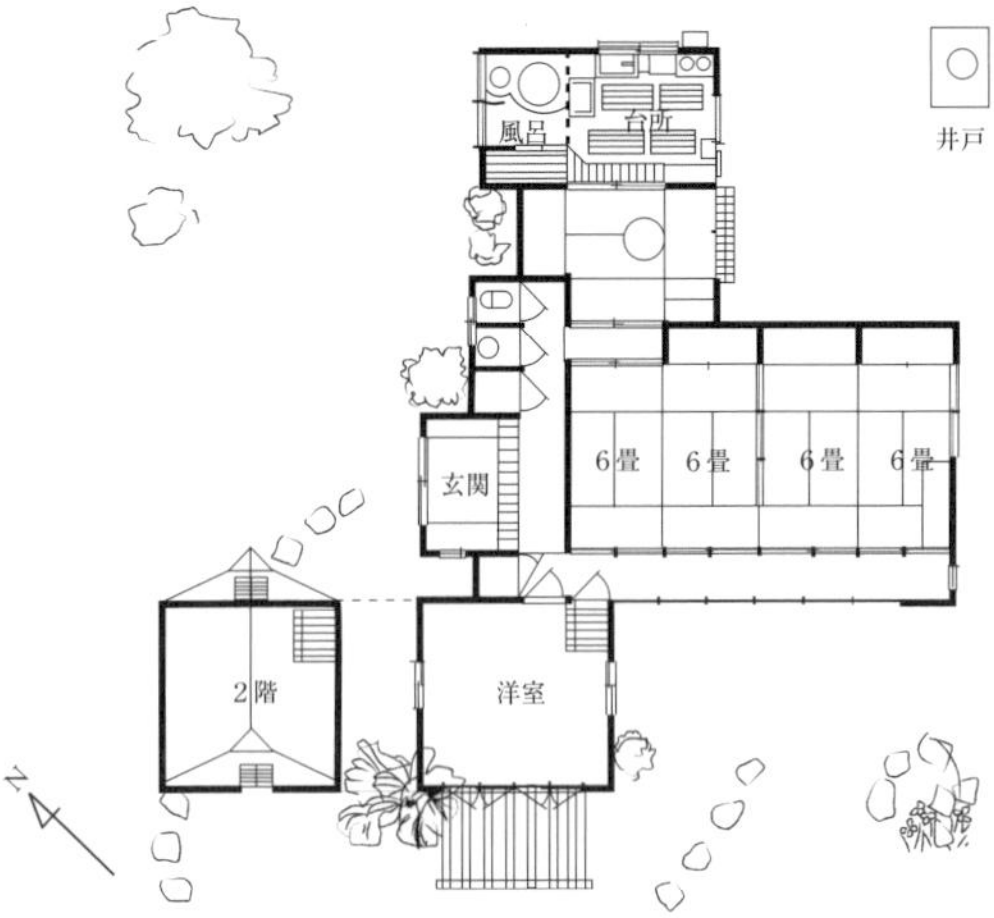

図8　草壁家が引っ越してきた家の間取り。この家も6畳が四つ並んだ「続き間」で、冠婚葬祭のために、襖を取り払うと大広間として使える。1室洋間は、洋館を後から増築したものと思われるが、屋根裏部屋もあり、お風呂は薪で焚く五右衛門風呂、釜底に簀の子を敷いて入る。『ロマンアルバム・エクストラ69　となりのトトロ』

ちびまる子ちゃんの家は、一見すると「続き間」型の間取りだが、機能性というところから見てみると、これは大正期の「文化住宅」の流れを汲んでいる。それは接客を前提にした間取りではなく、家族本意の間取りで、台所には小さなダイニングテーブルも置かれ、朝食などはここですませることができるようになっている。

大正期に生活改善運動や住宅改良運動がおき、椅子式の居間を中心にした間取りの住宅が、平和記念東京博覧会場の「文化村」に展示された。「文化」という言葉は、今でいう「スマート」という言葉に近く、その当時は「文化鍋」「文化包丁」と目新しいものには「文化」を頭につけた。「文化住宅」は「二重生活を醇化《じゅんか》させる改善住宅」と題され、すべて椅子式の間取りも提案されたが、かつての畳を敷き詰めた部屋での床坐の生活と靴脱ぎの習慣は根強く残っている。

宮崎駿監督の『トトロ』のサツキとメイの家は、[図8]「続き間」型の伝統的な家屋の南側に洋館が増築され、一室洋室になっていたが、それが昭和の終わりには逆転して一室和室になり、平成に入ると（分譲マンションや賃貸などの2LDKの間取りでは）和室は消えている。和室は多目的室で客間にもなるが、これといった機能をもたないため、（また冠婚葬祭を家で執りおこなうこともなくなり）日常生活では使われなくなり、しだいに物置になっているケースが多いからだろう。

二〇〇〇年代の建築家が設計した一戸建ての住宅では、茶室をつくりたいというクライアントの要望が多く見られ、畳敷きの部屋が復活している。そこでお茶を点てるということではなく、心の拠り所になる空間がほしいということと、足裏の文化として畳の感触は捨てがたいからではないだろうか

ディペンデントハウスからモダンリビングへ

戦後しばらく、東京・代々木公園の広大な敷地はワシントンハイツと呼ばれ、八二七戸の占領軍の住宅が建っていた。

一九四五（昭和二〇）年、敗戦国日本は連合国軍司令部（GHQ）の占領下に置かれた。焼け残った施設や洋風住宅は占領軍宿舎として接収された。さらに、GHQの指令で将校軍人層の家族用住宅、いわゆる「ディペンデントハウス」図9・図10（扶養家族住宅）が二万戸建設され、彼らの生活用品の家具・家電が約九五万点生産された。そのために、日米技術者によるデザインブランチが構成され、広大な敷地のなかに、小学校やクラブハウス、礼拝堂などの施設とともに、白いペンキで塗られたモダンな住宅群が出現した。

ディペンデントハウス建設は、日本人にとっては食糧も物資も住む家さえない困窮のなかでの遂行だった。アメリカの生活スタイルを持ち込んだ占領軍家族の住宅は、少なからず戦後の日本の生活スタイルに影響を与えた。また、住宅の設計・施工、家具や家電の設計・生産にかかわった関係者は、戦後復興のための技術力を身につけたのではないだろうか。

建築史家の藤谷陽悦は次のように述べている。

> 戦後一貫して夢を見、日本人が追い続けてきた生活イメージもアメリカ文化であった。それら

図9　リビングでくつろぐ占領軍華族。2万戸ディペンデントハスウの建設事業は、食糧も物資も住む家さえない困窮のなかでの遂行だった。「オフリミット」の看板と鉄条網に囲まれたエリアは、当時の日本人にとっては夢のような世界だった。『DEPENDENTS HOUSE』(GHQ DESIGN BRANCH JAPANESE STAFF・商工省工芸指導所編)工芸財団蔵

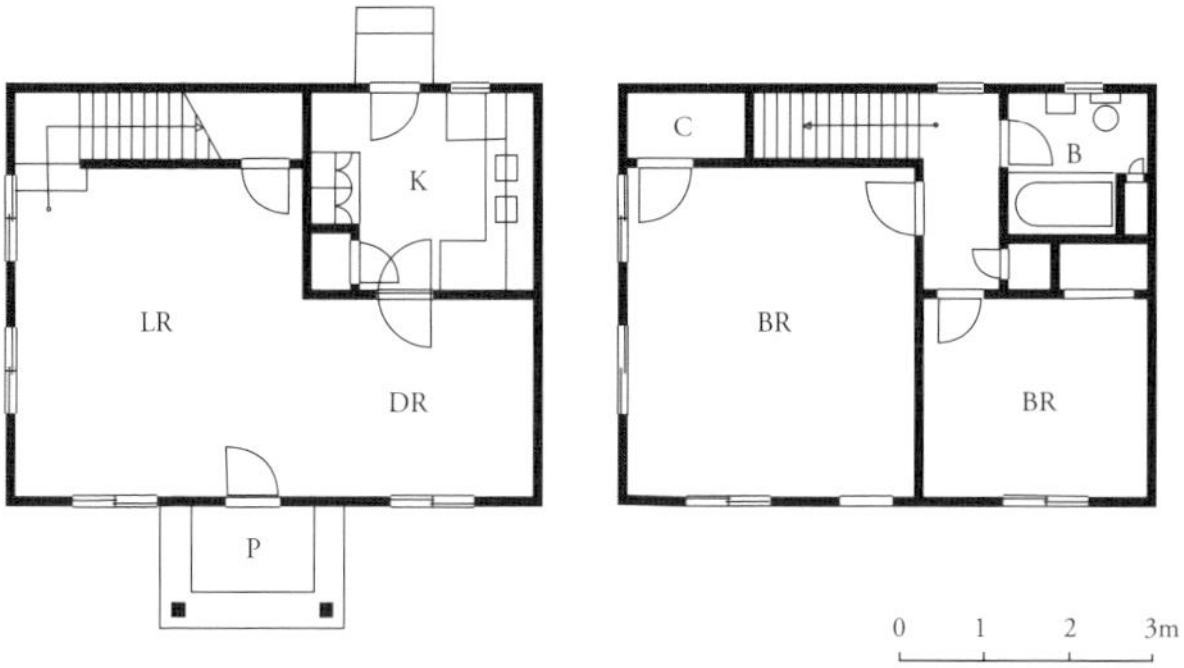

図10　中尉以下の少尉や下士官用につくられたA-1aタイプのディペンデントハウスの間取り。2階建てで、1階には玄関とつながったリビングとダイニング、キッチン、2階には二つのベッドルームとバス・トイレが備わっていた。ディペンデントハウスには、Aタイプ(約26-32坪)、Bタイプ(約33-46坪)、Cタイプ(41坪)があり、寝室の数、平屋および2階建てなど、9種類の基本形があった。その後の日本人の生活様式には、間接的だが影響を与えている

が進駐軍の攻略的な操作で生まれてきたかと思うと興味深い。その結果として、もたらされたものは何か。戦後は幸福な時代であったか。確かに豊かさと繁栄のなかにいることを実感するが、その一方で今でもアメリカ文化に若者たちが無自覚になびいていく風潮を見ていると、戦後の定着期における源泉を反省も含めて考え直さなければならない時期に来ていることを、本当に実感する。（*2）

また、一九五三（昭和二八）年にテレビ放送がはじまると、日本でアメリカのホームドラマが放映された。『パパは何でも知っている』（一九五四年一〇月〜六〇年九月）、『うちのママは世界一』（一九五九年二月〜六三年八月）、『パパ大好き』（一九六一年五月〜六三年六月）などで、アメリカの最もよき時代の理想の家族像を描いたもので、家庭電化製品が揃った機能的なキッチン、ゆったりとしたソファがあるリビング、そしてクルマと広い庭があるアメリカの郊外住宅だ。それは当時の日本人にとっては夢の暮らしであり、その後ファッション、食事、椅子式の生活（床坐から椅子坐へ）と衣食住全般にわたって日本人の生活スタイルはアメリカナイズされていった。

また、敗戦後の物資不足のなかで、建築家による新しい住宅の提案もはじまった。一九五〇年代は敗戦から立ち直ろうとする「食」の時代で、初めて設定された住宅金融公庫の融資上限の面積は一二坪（四〇㎡）だった。東京郊外には焼け跡がまだ残り、バラックも点在していたときに、池辺陽《きよし》、増沢洵《まこと》、広瀬鎌二《けんじ》らが次々と小住宅を発表した。かつては封建的な慣習が間取りに反映されていたが、戦後家長制度が廃止され、男女の平等、個人の確立が民主化の課題として国民生活に求められ、住生活のなかにも民主主義の確立が持ち込まれた。

建築家が設計する住宅にも、新しい生活スタイルを試みた住宅の創造が求められた。夫婦と子供を家族単位とした新しい生活の提案は、「モダンリビング」とも呼ばれた。「モダンリビング」について西山夘三《うぞう》は次のように述べている。

私生活のための私室の確立、民主的な家族団らんのための居間（リビング）の形成、戦前は「裏方」として無視されていた婦人の台所を中心とする家事空間の格上げ——などの上に、「モダンリビング」へ志向が明瞭に打ち出されてきた。

それは、折から進行しようとしていた戦後の高度経済成長の波にのる「消費革命」の、住生活におけるさきがけをなすものであった。（*3）

戦後のモダンリビングの特徴は、戦前の座敷を主体とした接客中心の「中廊下型」から、寝室や子供室などプライベートな空間を確保するとともに、家族全体が集まる洋風の居間を中心にした新しい間取りだった。

一九五一（昭和二六）年に『モダンリビング』が創刊され、建築家による新しい生活スタイルが提案された。アメリカの建築雑誌『アーツ&アーキテクチュア』が、一九四五年にはじめた「ケーススタディハウス」図11（実験的な住宅）に倣《なら》い、『モダンリビング』でも一九五六年から三軒の「ケ

図 11　チャールズ＆レイ・イームズ設計のケーススタディハウス（CSH）#8 は、CSH というよりも彼らの自邸として知られる住宅。1949 年竣工。構造は鉄骨造

日本の障子に使われる桟のような細い鉄材で構成されているため、日本家屋のような趣もある。黒い鉄骨フレームのなかに原色のパネルを用いるなど、斬新な色彩構成も試みている

ースタディハウス」が提案された。それは、池辺陽、大高正人、増沢洵によるものだった。建物だけにとどまらず、キッチンや家具にいたるまで、暮らし方を考えた細やかなライフスタイル提案だった。

住宅作家とも呼ばれた建築家の宮脇檀《まゆみ》は、一九六〇年から住宅提案や作品を『モダンリビング』に発表し、都市型住宅の設計で新たな局面を切り開いたともいわれている。また、住宅に関するエッセイも多かったことから、モダンリビングを日本に定着させた建築家でもある。モダンリビングという新しい住宅の形式は、たった五〇年のあいだに日本という国を完全に占領してしまったように見える。モダンリビングこそ日本の明日の家と信じつつ、住宅の設計をしてきたが、「何か違う、どこか違う」という感触がしだいに出始めてきたという。宮脇は反省もこめ、次のように述べている。

せっかく作ったリビングルームは誰も使ってくれず応接間と化しており、せっかく獲得した夫婦の寝室はいまやバラバラになり始め、子供の自立心のために作った子供室は非行の巣かベッドでゴロ寝の部屋になり、せっかくの近代住居の中でだんらんが消えていき、ホテル型家族が増大し始めた。

一体モダンリビングとは何であったのか――それが問い直される時期がどうやら来ているようであるし、それを本当に問い質《ただ》すことが出来るのは、それの中心になって働いてきたぼく達しかいないのではないか――そんな思いがこのところ強く、それがこんな文章を書かせた。

こんにちは、とモダンリビングを迎えたぼく達が、さよならとモダンリビングに言う係なのだろうかという意味もこめて。(＊4)

新しい生活スタイルとしてモダンリビングを提案し、またアメリカ文化やモダンリビングに憧れた宮脇らの世代は、また自分が設計した住居で実際にモダンリビングを体験した。それが現実とはかなり遠い幻影でしかないということがわかり、本当のモダンリビングとは何か、日本人にとって本当に住みよい住居とは何であるのか、探しはじめなければならないと宮脇は述懐している。

宮脇らは、日本の高度経済成長を支えた世代であり、自分が暮らす住居のことなどは振り返らず、子育ても含めすべて家のことを妻に任せてきた。気がついたら、妻たちの憧れのイメージを寄せ集めた「女の家」になっていた。会社に住んで家に通勤している夫たちに向けて、「家は楽しい。だから仕事中毒の男たちよ、早く家に帰宅せよ」と宮脇は説いた。

新しい生活スタイルを感じさせた団地

一九五〇（昭和二五）年に朝鮮戦争がおこる。国連軍の補給基地となった日本は、しだいに景気が回復し五〇年代後半になると好景気を迎える。五一（昭和二六）年には、日本の戦前（昭和九〜一一年）の平均水準まで回復し、五六（昭和三一）年の経済白書で「もはや戦後ではない」と発表された。しかし、住宅は依然として二七〇万戸の絶対的不足で、大都市圏での住宅不足は、衛生面の問題も含めいっそう深刻になっていた。

そういった状況のなか、一九五一年の公営住宅の標準設計として考案された「51-C型[図12]」（吉武泰水・鈴木成文設計）は2DKの原型となった間取りだ。このとき台所と食事室をひとつにしたダイニング・キッチン（DK）が考案された。それは狭い住宅（一〇・七坪）で「食寝分離」を実現するための苦肉の策だった。その後、日本住宅公団はこの間取りを標準化し、ステンレスの流し台などの設備を充実させて、一三坪の2DK[図13]の住宅を誕生させた。また、現在一般的に使われている2DK、2LDKといった間取り表示も、当初公団が用いた記号だった。

公団仕様の「ステンレスの流し台」は画期的なものであった。一九五六年に浜口ミホらによって共同開発されたもので、それ以前の流し台はタイル張りやトタンもあったが、コンクリートに御影石を砕いたものを入れて磨き上げた人研ぎ流しが多かったときに、「ステンレスの流し台」の登場は2DKの公団住宅をさらに魅力的なものにした。また、日本人は床坐の生活が長く、椅子式生活に慣れないことを考慮してダイニング・キッチンには「食事用テーブル」も備え付けられていた。そこでの生活をイメージしてもらうために、「若い夫婦がその食事用テーブルを挟んで向かい合って椅子に坐って食事をする」写真を掲載したパンフレットも用意されていた。

「ステンレスの流し台」と椅子式の「食事用テーブル」は、ダイニング・キッチンには欠かせない要素となって定着していき、それ以降一般の家庭にも浸透していった。ブームは「団地族」という言葉まで生んだ。この2DKはサラリーマン家族の憧れであり、ダイニング・キッチンでの椅子式（椅子坐）の生活はモダンリビングのイメージとも重なり、新しい生活がはじまることを予感させた。

図 13　公団が 2DK という間取りによる、新しい生活提案をしたが、入居者にとってダイニング・キッチンでの暮らしは初めてのことで、パンフレットでその使い方を示した。都市基盤整備公団

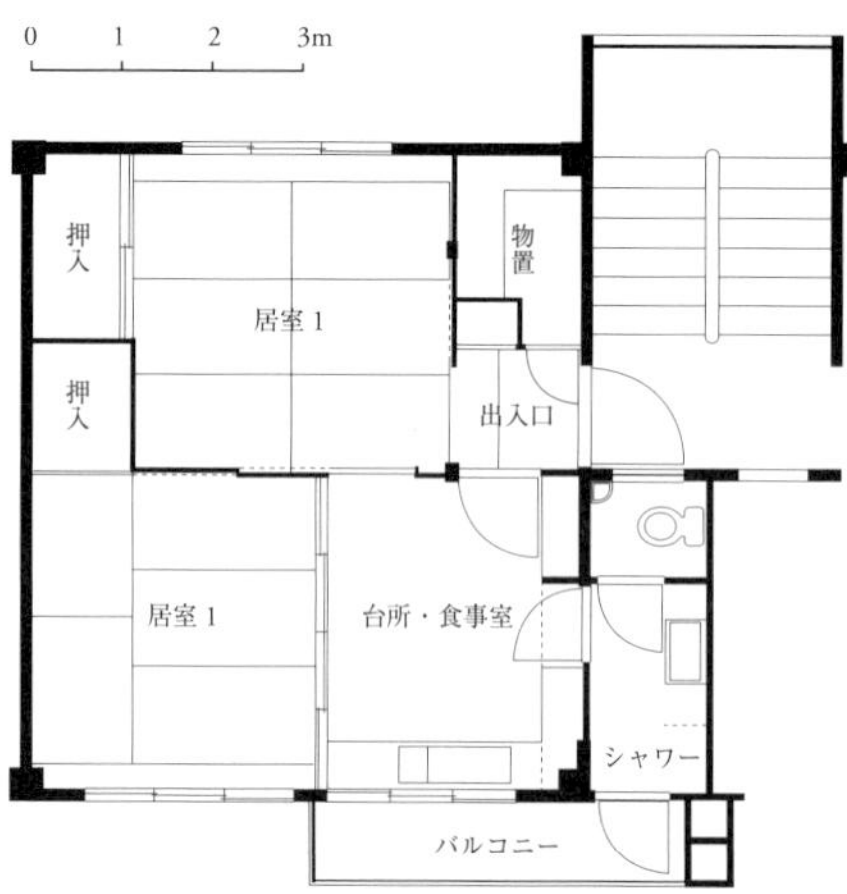

図 12　1951（昭和 26）年に公営住宅の標準設計として考案された 51-C 型（10.7 坪）と呼ばれる、2DK という間取りの原案となった間取り。nLDK と表記されるプランの原型。その後、日本住宅公団はこの間取りを標準化し、ステンレス流し台などの設備を充実させて、1955（昭和 30）年に 13 坪の 2DK（図 13）の間取りの公団住宅を誕生させた

昭和三〇年代は「団地」ブームで、一九六一（昭和三六）年には、団地に憧れるあまり「団地アパート・ニュータウン」（作詞：速見俊夫、作曲：高井達夫、うた：千葉信男）という歌までつくられた。それは、小津安二郎監督の『秋刀魚の味』（一九六二）にも、床坐で卓袱台《ちゃぶだい》を囲む家族団欒の姿と、団地に暮らす息子夫婦の椅子式になったダイニング・キッチンがある暮らしが対照的に描かれていた。小津映画に見られる床坐で生活する視点よりも低いアングルから撮影した家族の様子は、天井まで見え、重心が低いせいか心がなごみ、落ち着いた気持ちにさせてくれる。

電球が大正末期から昭和初期にかけて一般の家庭に普及しはじめると、家のなかが夜でも隅々まで明るくなる。谷崎潤一郎は『陰翳礼讃《いんえいらいさん》』（一九三三）を書き、「日本座敷の美は全く陰翳の濃淡に依って生まれているので、それ以外には何もない」といって薄暗がりのよさを礼讃している。小津も、団地の出現で起居様式が「床坐」から「椅子坐」に変わり生活者の視点が高くなることで、谷崎がいう「日本座敷の美」と西洋との本質的な相違に目を配り、陰翳のうちに美を発見してきたことに共鳴し、日本人の生活スタイルが変わることへの警鐘を鳴らしたのではないだろうか。

現代の住まいとして復活した最小限住居

一九九九（平成一一）年正月明けの一月九日に、新宿にあるリビングデザインセンターOZONEで、「日本人とすまい」シリーズの第四回「柱展」が開催された。その会場に、木造軸組の柱と梁だけで構成された小さな家が展示されていた。それが、三間×三間の「九坪の家」で、戦後の最小限住居のひとつだった。これは、建築家の増沢洵が一九五一（昭和二六）年設計し、一九五二（昭和二七）年に建てられた自邸で、その骨組みだけだが再現されていた。この展覧会には、筆者も図録の編集者の一人としてかかわっていた。当時リビングデザインセンターOZONEにいて企画展の担当者だった萩原修は、そこでその九坪の家と遭遇した。

そのときの様子を萩原は次のように述べている。

> 本当にその状態は美しかった。三間×三間の九坪の正方形。二階建ての小さな家である。手にとることができるようなスケール感。丸い柱で囲まれた空間がなんとも気持ちいい。
>
> その空間に身をおくうちに、ぼくは良からぬことを考えてしまったのだ。この家を完成させたいと。完成させるてっとり早い方法として、ぼくが選んだのは、自分の家としてつくることだった。とんでもない話だ。仕事を家に持ち帰るという話は聞いたことがあるけれど、この場合は、仕事で家を持ち帰るわけだ。そんなことが、果たして許されるのだろうか。（＊5）

そして、萩原は展覧会終了後に家が建てられる土地を探して、八カ月後の一〇月に「九坪の家」[図14]を完成させた。基本設計は増沢洵《まこと》だが、実施設計は「柱展」の会場デザインを担当した小泉誠が手がけ、現代の最小限住居としてリデザインした。その後、この「九坪の家」は、「九坪ハウス」というプロジェ

図 14 「9 坪の家」として知られるスミレアオイハウス。竣工は 1999（平成 11）年、設計は小泉誠だが、増沢洵設計の自邸（1952 年竣工）が原型でリデザインされている

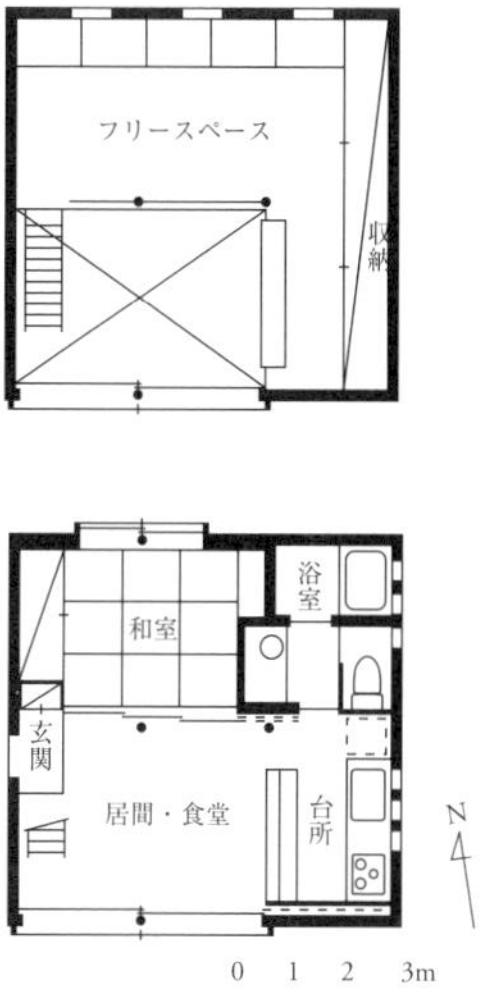

建築面積や延床面積、木造（在来構法）などは変わっていないが、寝室はベッドを使用した洋室から畳敷きの和室になるなど、クライアントの要望で多少変更されている

クトに発展し、小泉誠をはじめとする阿部仁史、藤本壮介、山本健太郎、橋本夕紀夫、五十嵐久枝らの建築家やインテリアデザイナーによって、三間×三間の九坪という制約のなかで現代の住まいが提案された。

一九九九（平成一一）年に再現された「九坪の家」は延床で一五坪、畳で換算すると三〇畳、平米にすると四九・五七㎡しかない。公団の最初（一九五五年）の2DKタイプが一三坪（四二・九七㎡）、現在の2LDKタイプは六〇～七〇㎡である。「九坪の家」を現代の住まいと考えると、2LDKの標準タイプの住戸より狭いが、一階のリビングは吹き抜けになっていて、しきりがほとんどないので全体としては一室空間だ。つねに家族の気配が感じられ、家族がどこにいても会話ができる。

また、増沢が設計した「九坪の家」は、戦後の物資が不足し、建築資材も手に入りにくい時代に、建築部材の減少化や建設作業の省力化が図られ、構造材でもある杉丸太の表面を磨いただけで、部材を隠さずに「表し《あらわ》」にしている。吹抜け部分だけでなく屋根裏の垂木や中二階の床下の根太も表しにしている。規格寸法の使用や部材を表しにすることで大工工事が簡易化され、住宅建設費のローコスト化が図られている。鉄骨造の補強に鉄のヒンジが使われるが、その鉄のヒンジと杉丸太を組み合わせ、ガラス窓の内側に障子を入れるなど、モダン和風の空間になっている。

広い家が必ずしも、居心地がいい家であるとはかぎらない。狭くても工夫され、使い勝手のいい戦後の最小限住居である「九坪の家」（増沢洵自邸）を原型とし、多くの建築家やインテリアデザイナーが二〇〇〇年代に取り組みリデザインしたことは、有意義な提案であったと思う。最小限というと、イギリス製のクルマの「ミニ」(一九五九)を思いだすが、多くの人に愛されたクルマであり、性能や安全性という面では現代のBMW「ミニ」のほうが優れているが、デザイン性という面ではかつてのイギリス製「ミニ」のほうが優れているように思う。モノコック構造の究極の形のような印象があり、愛らしさも秘めているからだ。

増沢の「九坪の家」にもそれがある。杉丸太を表しにした住宅は、木材によるモノコック構造のような印象があり、『ちいさいおうち』の著者バージニア・リー・バートンが描く、かわいい家の印象もあり、それらが共感を呼び、「九坪の家」は現代の住まいとしてよみがえったのではないだろうか。

◎引用文献

*1、*2『日本人とすまい6 間取り MADORI』リビングデザインセンター 二〇〇一

*3『すまい考今学——現代日本住宅史』西山夘三 彰国社 一九八九

*4『住まいとほどよくつきあう』宮脇檀 新潮文庫 新潮社 一九九四

*5『9坪の家』萩原修 廣済堂 二〇〇〇

コラム2
卓袱台《ちゃぶだい》

卓袱台の歴史を調べてみると、意外に浅いことがわかった。一八八七（明治二〇）年頃から使われるようになったということだが、普及したのは大正末期から昭和の初めにかけてで、これには大正期の椅子坐の生活を奨励した生活改善運動や、個人の尊重と一家団欒《だんらん》の生活を唱えた大正デモクラシーの影響が大きかったようだ。そして、一九五五（昭和三〇）年に公団のステンレス流し台とダイニングテーブルが備わっていた2DK住宅が誕生すると、昭和三〇年代後半には椅子式のダイニングテーブルが普及しはじめ、昭和が終わる頃には卓袱台に代わってダイニングテーブルが主流になる。ところが、椅子坐の生活から、床坐の生活にまた戻り、忘れかけていた卓袱台を使っている若い人がいると聞く。

卓袱台を囲んで家族揃って食事する風景

卓袱台が普及する以前は何を使っていたかというと、時代劇に見られる銘々膳《めいめいぜん》である。かつては家族が一緒に食事をするという習慣はなかった。それは日本が「縦構造の社会」で、一人ひとり身分に応じた膳を用いて食べていたからだ。それと、その銘々膳には自分が使った食器を収納できるタイプのものもあり、食事が終わると使った食器は白湯ですすいで飲み、布巾で拭いて各自の銘々膳に戻していた。それは今のように毎回食器を洗う習慣がなかったからだ。実際に一家団欒が定着するのは第二次大戦後で、家長制度が廃止され、男女平等が確立されてからだ。また、間取りの変遷から見ると、昭和初期に茶の間が家の中心に位置するようになってからで、サラリーマン家庭などでは卓袱台を囲んで家族揃って食事をする風景が見られるようになった。

昭和二〇年代を背景にした国民的なアニメ『サザエさん』では、三世代の家族がひとつの座卓や卓袱台を囲んで食事をする一家団欒のシーンがよく出てくる。昭和四〇年代を背景にした地方都市が舞台の「ちびまる子ちゃん」では、台所に小さなダイニングテーブルが置かれているが、夕食は茶の間にある座卓で三世代が一緒に食事をする風景が描かれている。卓袱台よりも大きく、脚部が天板と一体となっているものを座卓と呼んだ。また卓袱台は脚が折り畳めるようになっていて、それが卓袱台の特徴のひとつになっている。畳の語源である「畳む」とも関連していて、「食寝分離」で寝る部屋と食べる部屋を分けることが奨励されたが、長屋などではひとつの部屋を昼間は茶の間、夜は寝室として使うため、卓袱台は有効な道具であった。

昭和四〇年代のマンガに『巨人の星』（原作：梶原一騎、作画：川崎のぼる）があり、長屋に暮らす星一徹は息子の飛雄馬と娘の明子と家族三人で暮らし、一徹は飛雄馬が巨人軍に入ることを夢みて毎夜特訓しているが、飛雄馬が約束を破ったときに激怒し、飛雄馬を殴るがそのときに食事中の卓袱台が倒れそうになる。このイメージが強いせいか、昭和の頑固オヤジが登場するドラマでは、家族で食事をしていて、何かの弾みで頑固オヤジが激怒すると卓袱台をひっくり返すシーンが描かれていた。

「頑固オヤジと卓袱台」は昭和を象徴するイメージ

それを最も派手に演じてみせたのが、向田邦子のドラマ『寺内貫太郎一家』の石工の親方であった貫太郎（小林亜星）だった。どうも昭和を象徴するイメージとして「頑固オヤジと卓袱台」はセットになっているようだ。

そして、一家団欒を演出するうえでも卓袱台は欠かせない道具であり、山田洋次監督の『男はつらいよ』シリーズでも、卓袱台がある茶の間のシーンは重要で、旅から戻った寅さんこと渥美清を温かく迎え入れてくれる空間だ。昭和の卓袱台が置かれた、小上がりになった茶の間は縁側の機能も兼ね備えている。近所の人が気軽に腰かけて世間話ができる居心地がいい空間がある家は、日本人には懐かしく、（あの時代に）帰りたくなる家ではないだろうか。

（二〇一二年一一月）

第3章　家事

家事の変遷

電気・ガス・水道などのインフラが整備される以前の庶民の生活は、江戸時代とほとんど変わらなかったようだ。

それは、今はご飯を炊くのに電気釜で三〇分、レトルトであれば電子レンジで二分とまったく手間がかからないが、かつては水汲み、火おこし、薪や炭の微妙な火力調整、ご飯を炊くだけでも手間隙《てまひま》を要した。炊事だけでもこれだけの手間がかかり、ほかにも洗濯・掃除・裁縫・そして子育てと、お手伝いがいない専業主婦は早朝から深夜まで家事に追われていた。

初めて家庭に入ってきたインフラはガスだった。それも、熱源用としてではなく、照明用としてであった。その先駆けは一八七二（明治五）年、横浜で日本初のガス灯が灯され、一八七四（明治七）年には東京銀座の煉瓦街にも灯された。しかし、当時のガス灯はバーナーに直接点火する裸火で、そのあかりは暗く青白いものだった。ガス管敷設に費用がかかり、ガス代も高価だったため、一般家庭では石油ランプが使われていた。[図1] ガス灯が室内灯として普及するのは、白熱マントル[図2・注1]の出現を待たねばならなかった。白熱マントルによってガス灯の明るさは従来の五倍になったというから、電灯に匹敵する明るさだったのだろう。明治二〇年代に輸入され、三〇年代に国産化がはじまり、ようやく室内灯として使われるようになる。

白熱マントルによって、ガスの火口を下向きにすることができ、それによってさまざまなタイプの室内灯火具がつくられた。ところが、その頃にはすでに電灯の普及もはじまっていた。ガス灯が室内灯として家庭に入ってきたが、すぐに電灯に替わり、ガス灯の寿命は短かったようだ。その後、明治三〇年代に国産のガス器具が開発され、ガスは熱源として使われるようになるが、一般家庭に普及するのは関東大震災以降の大正末期から昭和初期にかけてである。

江戸から明治に移行しても、庶民の生活が大きく変わらなかったのはインフラが整備されていなかったことによるが、とくに炊事仕事が変わらなかった理由は熱源だった。主食のご飯は薪を燃料として竈《かまど》で炊き、副食は炭を燃料とする七輪で煮たり焼いたりしてつくっていた。水は井戸から汲み上げ、桶で運んで水瓶に貯め、そのつど柄杓《ひしゃく》ですくって使っていた。井戸水にはゴミや砂が混ざり、沈殿させる必要があった。また、当時の一般的な家庭での炊事仕事は土間と板の間に分かれていた。土間に置かれた竈や流しではしゃがんで、包丁を使う調理は板の間では坐ってと段差がある場所を移動しての作業は立ったり坐ったりの連続だった。

大正期の生活改善運動で真っ先に挙げられたのはこの台所の改善で、これまでの坐った姿勢での炊事仕事を「立ち式」[図3]へ改善することだった。まず、銘々膳から卓袱台へ、家のなかのあかりも、行灯の下からのあかりから、ガス灯や電灯で上からのあかりになり、生活者の視線の位置が少しずつ上がっていったことがわかる。だが、炊事仕事が「立ち式」へ移行するのにはかなりの時間を要し、ほとんどの一般家庭で「立ち式」になるのは戦後になってからだが、立ったり坐ったりの繰り返しがなくなったことは画期的なことだった。

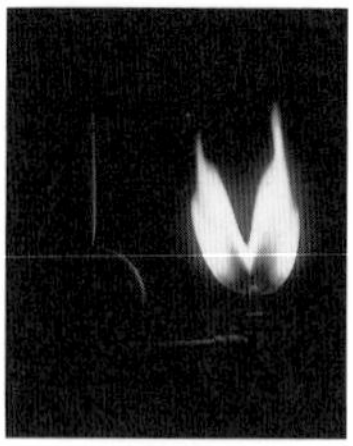

図1　右上・裸火によるペンダント式のランプ。魚尾（ぎょび）と呼ばれるガスの炎。右下・卓上スタンドガスランプ

図2　左・下向1灯ガスランプ。白熱マントルの出現によって炎が安定し、裸火の5倍の明るさが得られるようになった。GUS MUSEUM がす資料館

図3　上・料理専門家、水町たつ子が考案した立ち式の料理台。下段にある簀の子敷きは下ごしらえした素材置き場。切りくずや包丁、調味料入れが付属している。『婦人之友』（大正2年10月号）。右上・主婦之友社主催「文化的の模範台所の設計」コンペ1等案。『主婦之友』（昭和2年11月号）。右下・鈴木式高等炊事台「家庭実務指導者講習会演習」（昭和2年）

床坐の「茶の間」から椅子坐の「ダイニング」への移行に一役買ったのが、昭和三〇年代の公団住宅に登場したダイニングキッチン（DK）とステンレス流し台だった。このDKの設計に協力した浜口ミホが、建築家の視点というよりは主婦の立場から日本住宅公団と共同開発したものだった。

一九五七（昭和三二）年に完成したステンレス流し台付きの2DK住宅には、入居希望者が殺到し、主婦の憧れとなった。このとき延床面積が一三坪という制約のなかで、ダイニングとキッチンという二つの部屋を確保することはできず、前述した一部屋で二つの機能を兼ねたDKを提案し、そこでは椅子式（椅子坐）の生活を奨励するために、小さなダイニングテーブルをキッチンの横に備えてあった。また、浜口はこれまでの「流し台・調理台・ガス台」という配置のキッチンではなく、料理の作業効率から「調理台・流し台・ガス台」という、流し台を中心に配置したキッチンを提案した。これまでの男性の建築家や技術者の視点ではなく、生活者の視点からさまざまな改良が加えられた。

そして、さらに家事を軽減したものは高度経済成長期に登場した家電だった。昭和三三、四年頃から、「白黒テレビ、電気洗濯機、電気冷蔵庫」が「三種の神器」としてもてはやされた。なかでも炊事を劇的に変化させたのは電気釜だった。電気コンロ、電気ポット、トースター、ジューサーなどは、アメリカのホームドラマを見て、合理的なキッチンに憧れていた日本人にとって、近代化の象徴だった。インフラが整備されて、機能性を高めたキッチンや家電の登場で、家事は軽減されたが、日本の経済発展とともに家電が狭いキッチンやダイニングに溢れ、生活空間を侵略しはじめた。

一方、缶詰やインスタント食品、レトルト食品が開発され、さらに冷蔵庫や電子レンジの普及で冷凍食品が増え、また流通革新などによって、日本人の食生活は戦後急激に変化していった。それ以外の洗濯や掃除にしても、洗濯機や掃除機といった家電の発達と普及によって、洗濯や掃除の仕方が大きく変わった。そして、家事労働からの女性の解放は、結果的には「女性の社会進出」を後押しすることになった。

現在の洗濯機には自動乾燥の機能も加わり、またロボットのような自走式の掃除機まで誕生している。家電がすべてロボット化するのか、家そのものが人工知能を持った家電になるのか、IT産業が急激に発達した一九八四（昭和五九）年に坂村健が「TRON計画」を提唱し、住宅メーカーと共同プロジェクトで試作をおこない、一九八九年に究極の家電ともいえる「電脳住宅」のモデルハウスが竣工している。

かつては便利な家電製品が数多くあることが豊かさの象徴だった。そういったモノが溢れだし、居住空間が脅かされると、次に日本人が目指したのはその反動で、家電と家が一体化した、あるいは家の床・壁・天井にビルトインされ、目の前から消えてなくなることを夢みたのではないだろうか。それは、もしかしたら家具も家電も何もないかつての座敷のような空間に戻り、音声などに反応して必要なときだけ家具や家電が現れる多機能空間で、ミース・ファン・デル・ローエ[注2]が提案したミニマルなユニバーサル・スペース[注3]かもしれない。

家電は家事を軽減し、生活スタイルを変えたのか

家事の「さしすせそ」をご存じだろうか。

「さ」は裁縫、「し」はしつけ、「す」は炊事、「せ」は洗濯、「そ」は掃除である。「炊事」については前述したが、「裁縫」は手縫いからミシンを使った機械縫いに変わり、既製服、かつては「吊《つる》し」図4といったが、安価でデザインがよく製縫にも優れ、かつ色やサイズも揃っている商品が大量につくられるようになった。また、昭和二、三〇年代くらいまでは、子供たちも継ぎ接ぎの服を着せられていたが、衣服だけでなく家電などもそうやって修繕して使っていたのは、東京オリンピックが開催された一九六四（昭和三九）年までで、その年を境に日本は大量生産大量消費社会に向かい、家庭内だけでなく社会全体のメンテナンス能力は急激に下がっていったように思える。

しつけ

「しつけ」に関しては、地域の子供たちを周囲の大人が見守り、悪いことをした子供を親以外の大人も厳しく叱ったが、そういったコミュニティがいつの間にか消えていった。子供のしつけは家庭または学校でのみおこなわれ、周囲の人たちはそれぞれの家庭のプライバシーを守るという観点から、他人の生活に干渉しなくなり、それによって路上で遊ぶ子供の姿が消えていった。近所の子供たちがみんな一

緒に遊んでいた頃（昭和四〇年代までだろうか）、周囲の人たちの視線で子供たちは守られ、またそれが防犯につながっていた。日中鍵をかけている家は、少なかったように思う。それは、藤子不二夫の『オバケのQ太郎』（一九六四）の時代で、まだ住宅地のなかに（下水管などの資材が置かれた）空き地があり、未舗装の道路が多かった昭和四〇年くらいまでは、そういった空き地や路地は子供たちの格好の遊び場だった。

洗濯

「洗濯」は、洗濯機の出現で大きく変わった。

洗濯機が普及するのは、「三種の神器」がもてはやされた昭和三三、四年頃からで、その頃の多くの家庭では、たらいと洗濯板を使ってしゃがんだり、腰を曲げたりしながら洗濯していた。現在ではドラム式の全自動洗濯機になり、乾燥までも機械でできるようになった。この洗濯という家事労働を変えたのは家電だけでなく洗剤の開発も大きかった。

しかし、一般家庭用の洗濯機販売当時（昭和二〇年代）、洗濯は女性の仕事、それを機械にやらせたのでは手抜きになる、という風潮が残っていた。洗う、絞る、干すという作業を家電が代行するようになったことで家事労働の時間を一気に短縮することができた。ただ、洗濯物を干すという作業は（機械乾燥よりも天日干しを好むため）あまり変わっていない。

小津安二郎監督の『東京物語』には真っ白い洗濯物が物干し竿にきちんと干されているシーンがある

が、その洗濯物が風になびいているのを見ると美しいと思うが、都会のマンションなどでは洗濯物をバルコニーに干すことは景観を損じるということから禁じているところもある。現在、太陽光発電システムなど、自然エネルギーを見直し活用する方向に社会は向いているので、景観を損ねないようにするためのアイデアは必要になるが、都心においても洗濯物を干すことを奨励するようになるのではないだろうか。

掃除

「掃除」は、電気掃除機の登場で、はたきとほうきによる「掃き出す」掃除から、「吸い込む」掃除へと変わった。一九五五（昭和三〇）年の日本住宅公団の発足にともない、鉄筋コンクリート造の集合住宅が建設されたが、ゴミの吐き出し口がなかった。ただ、掃除機の普及率は昭和三五年には八％に過ぎなかったが、昭和四五年には六九％、昭和六一年には九八％に達している。これにより、掃除の仕方がほうきで「掃く」から、掃除機で「吸う」へ、また雑巾《ぞうきん》で拭くから、モップをかけるに変わり、現代においてはほうきやはたきが消え、雑巾掛けという言葉も消えつつある。

雑巾掛けは学校でも家でも子供の仕事であったが、それは「掃除とはケガレを払い、ケの日常を保ち、ハレの状態へと浄化すること」、この精神性は一種の修行に通じていたように思う。そういったことの背後に、日本特有の「浄」と「不浄」、「きよめ」と「穢《けが》れ」という精神性が存在しているからで、戦前までは教育のなかで教えられていた。

また、年末の大掃除なども、「きよめ」の精神から各家庭でおこなっていた。新年を迎えるための準備を家族総出ですることで、迎えたときは年が新たになり、身も心も清らかになり、空気までもピーンと張り詰めて澄んでいるように感じた。そんな気持ちが年々薄れてくる気がするのは、家電などの機械や専門業者に頼り過ぎ、自分の手で掃除をしなくなったせいなのだろうか。

江戸時代、商家や町屋では毎日欠かさず掃除をしたという。日本人は本来きれい好きである。神社に手水《ちょうず》があるのも、もともとは参拝前に川などで身を浄めたという風習のなごりといわれている。

幸田文は父の露伴から、掃除や家事に関するあらゆることを学んだと『幸田文 しつけ帖』に露伴の孫の青木玉が書いている。文が小さいとき実母が亡くなり、継母は体が弱く家事ができず、露伴が文に家事を教えざるを得なかった。もともと露伴の家は、江戸時代、大名の取次を職とする表御坊主衆で武家の仕来《しきた》りや行事に詳しく、また露伴は兄弟が多く、貧しかったことから、朝晩の掃除、米とぎ、洗濯、火焚きなど家事一切をやらされて育った。それでいて、しかも博識の露伴の教えは理屈、筋が通っていた。

露伴は、まず道具を整えることから文に教えた。それは、「道具には、何のためにどのように働くのか、ちゃんと意味がある」からだという。家電の登場で、家事のやり方は大きく変わってしまったが、家事をすることの意味、その精神性は変わっていない。露伴は物事への向き合い方、ひいては生き方そのものを伝えようとしていた。それが「格物致知《かくぶつちち》」だという。具体的な事物に対する観察と沈潜《ちんせん》とによって知見を深めるということだが、そういわれると、家事も奥が深いものに思えてくる。

間取りから女中部屋が消えた

一八八七（明治二〇）年頃に建てられた森鷗外・夏目漱石が住んだ借家の間取りには、三畳ほどの下女部屋が北側にある。

一九三二（昭和七）年に建てられた洋館が東南の角についた中廊下型の家になると、女中部屋と名前が代わり、やはり三畳ほどの部屋が北側にある。戦中の一九四一（昭和一六）年に建てられた建築家・前川國男の自邸にも北側の玄関脇に女中部屋がある。戦後、建築家が設計する住宅は、延床一五坪の最小限住居から出発し、また核家族を対象とした家のためか、女中部屋がない。大邸宅は別として、戦後の住宅のプランを見ると女中部屋が消えているものが多い。

アメリカで、戦後に提案された実験住宅ともいえるケーススタディハウスがある。これは当時発行されていた『アーツ&アーキテクチュア』という雑誌が企画し、イームズをはじめ、エルウッド、コーニングといったアメリカで活躍中の建築家に住宅の設計を依頼して、クライアントを雑誌で募集した。そのなかで、有名なのが（日本ではテレビCMの背景に使われた）二二番目のコーニングが設計した住宅だった。鉄とガラスを多用した住宅で、多くの人を惹きつけた作品だ。その住宅はロサンゼルスの街を見下ろせる高台にあり、L字型に配置された住棟の中庭にはプール、リビングからの眺望、とくに夜景が素晴らしかった。また、写真家のジュリアス・シュルマンが撮影した家のなかでドレスアップした夫婦がいる写真も有名で、アメリカのニューファミリーの誕生を感じさせるものだった。

このプロジェクトは、一九四五年からほぼ二〇年間に三六の住宅案が提案された。そのなかで二五軒が実現している。この住宅のプランの多くは核家族を対象としたもので、女中部屋はない。アメリカは、当時そのような住宅に暮らせる人であるならば、女中を雇っていたので、住み込みで働く女中部屋があったが、ケーススタディハウスのプランからは女中部屋が消えている。

日本では、昭和三〇年代くらいまでは行儀見習いを兼ね、地方から上京して女中として働く人が多かったが、高度経済成長期には家電などによる家事の合理化によって、主婦が家事をするというのが一般的になっていった。

家事を職業とする人の呼び方は、時代ごとに変わり、「下女」「女中」、そして現在は「お手伝いさん」「家政婦」などと呼ばれている。

ドラマ『家政婦のミタ』を見た

二〇一一（平成二三）年に放映されたテレビドラマ『家政婦のミタ』を見ただろうか。

かつての定番ドラマ『家政婦は見た！』（主演：市原悦子、一九八三〜九八）のパロディ版で事件や問題がおこり、それを「家政婦が見た」的なドラマかと誰もが思っていたのではないだろうか。ところが、それとはストーリーがまったく異なり、登場人物はそれぞれ複雑な過去を背負い、主人公の家政婦の三田灯（松嶋菜々子）は、仕事はすべて完璧で、家事以外にも語学・数学・情報収集力などあらゆる技能を備えている。

三田は阿須田家（父と子供四人）の家政婦だが、阿須田家は夫の不倫が原因で妻が自殺、夫はその後も不倫を続け、四人の子供たちはそれを知り、崩壊していく家族のなかで、三田は冷静かつ忠実に家事仕事をする。自分の感情を表に出さないロボットのような家政婦で、命令されれば犯罪行為であっても平然とおこなう。その三田の型破りな行動に阿須田家の家族は振り回され、バラバラだった家族の絆を取り戻していく。三田にはかつて家族を失った悲惨な過去があり、それがドラマのなかで徐々にわかっていく。このドラマはタイトルからくる印象からなのか、当初の視聴率は低かったが鰻登りに上がり、最終回は四〇％を超える話題作となった。

社内恋愛で不倫をしていた阿須田恵一（長谷川博己）は、サワイホームというハウスメーカーに勤めている。恵一の肩書きは営業部課長で三八歳、子供が四人いて、郊外の庭付き一戸建てに暮らすという設定になっている。このような生活で家政婦まで雇うとなると、高額所得者でなければ雇えない。一流のハウスメーカーに勤めている課長クラスの社員は高額所得者であって、「家族の容れ物」としての住宅を販売している社員の家族が崩壊寸前にあるという設定がリアルだ。現代において、「家政婦」という存在を忘れかけていたときに、心に深い傷をおった三田のような家政婦を主役にしたドラマは、日本のひとつの歪んだ家族像を描くうえで重要だったように思える。核家族という密室空間のなかに他者である家政婦が入り込み、家政婦という視点で、一家族がかかえる問題を見ることができたことが新鮮だったのではないだろうか。

一九五〇年代のアメリカのホームドラマはどれも理想的な家族像が描かれていたが、現代の複雑系社会にあって、家族像は描きづらくなっている。理想の家族とは逆の崩壊寸前の家族を描くことで、今日的家族像が浮かび上がってくる。家政婦という家事のプロフェッショナルが、家事だけでなくどんな問題にぶちあたっても自分の感情を挟まずに、問題を解決していくその彼女の姿勢がほつれた家族の絆まで修復していく。阿須田家は三田に信頼を置くようになり、三田の壮絶な過去を知ってしまった彼らは、三田も家族の一員となってもらい、心を開いてくれることを望むが。

現在は、身分社会ではないので、家政婦が母親になることを子供たちが望むというのはわかるが、明治の頃には考えられないことだった。夏目漱石の『坊ちゃん』にも清《きよ》という下女が登場するが、坊ちゃんを溺愛する乳母のような存在で、ある意味家族の一員ではあったが、下女と主人の関係は変わらなかった。現代社会においては、家政婦と主人は身分の隔たりはなく、三田は阿須田家の家族の要望で子供たちの母親になることを一度承諾する。それも三田は「業務命令」として承諾したのだろうか。

中流以上の家庭において、女中と女中部屋が消えたことによって、主婦の地位だけでなく家族関係も変化する。奥野健男は『ねえやが消えて――演劇的家庭論』で、「ねえや」[注5]の消えた家庭は「観客」のいない劇場のようなものだと書いているが、「他者」の視点がない家庭は気兼ねもないが、緊張感もなく、けじめのないものになってしまったようだ。ある意味、核家族の家庭が密室になってしまったことが、新たな社会問題を生んでいるともいえる。

注1　白熱マントル　ラミー（苧麻）や人絹などの網袋に硝酸トリウムや硝酸セリウムをしみ込ませたもので、一旦火を付け灰化させるとガスの炎で強い光を発する。

注2　ミース・ファン・デル・ローエ　「Less is more.」（より少ないことは、より豊かなこと）という標語で知られ、近代主義建築のコンセプトの成立に貢献した建築家。一九三〇年からバウハウスの第三代校長を勤めた。ナチスによってバウハウスが閉鎖（一九三三年）されたため、アメリカに亡命。一九三八年から五八年、シカゴのアーマー大学（後のイリノイ工科大学）建築学科の主任教授を務め、クラウン・ホールをはじめとする同大学のキャンパス計画を手がけた。代表作は、四面をガラスの壁で囲んだファンズワース邸やシーグラムビルなど。

注3　ユニバーサル・スペース　モダニズム建築の理念のひとつで、内部空間を限定せず、自由に使えるようにしようとするもの。ミースは柱と梁によるラーメン構造の均質な構造体が、その内部にあらゆる機能を許容するという意味のユニバーサル・スペースという概念を提示した。

注4　吊し　既製品（既製服）や古着として売っている洋服。

注5　ねえや　「姉や」の意だが、家事の手伝いをする若い女性の呼称でもあった。

◎引用文献

＊1（コラム3／八六頁）『「私の家」白書』清家清　住まい学大系080　住まいの図書館出版局　一九九七

コラム3

モダン住宅のキッチン史

明治以降、洋風の生活様式が持ち込まれ、間取りはさまざまに変化し、それにともなって台所も変化していった。北向きで暗くジメジメした台所を改良しようという動きがおこり、一九〇七（明治四〇）年には、天野誠斎が『台所改良』（博文館）という本を発行した。当時ペストの流行もあり、「衛生」には力を入れるように訴え、また天野は「便利で経済的」という面で、当時最新のガス設備について、ガス代は高価ではあるが料理する時間が四分の一に節約でき、さらに女中一人分の仕事が省けるといっている。

また、『婦人之友』を主宰し、さまざまな啓蒙活動をしていた羽仁もと子は、読者である主婦がどんな台所を求めているのかを知るため、一九一一（明治四四）年「理想の平民的台所」と題して台所の設計案を誌上で募った。その応募案のなかから「都市向け台所」図3（72頁）案と「村落向け台所」案の二点が選ばれた。二つの案はどちらも女中を使うことを前提にしたもので、面積も五坪（一六㎡）と戦後の台所と比べるとかなり広いものであった。

都会向けは土間を廃して段差をなくし、煮炊きと流しの位置を近づけ、台所と食事室をつなぐハッチ（出し入れ窓）を設け、作業能率を高める工夫なども提案された。一九一三（大正二）年には料理専門家の水町たつ子が、立ち式図3（72頁）の調理台を考案し、炊事も床坐式から立ち式へと変わっていった。

女中を前提にした台所から、主婦一人で操作するキッチンへ

一九三五（昭和一〇）年に完成した、「土浦邸」（設計：土浦亀城）と「山脇邸」（設計：山脇巖）は、どちらも建築家の自邸で、台所と食堂をつなぐハッチが設けられている。台所は家事労働の合理化がはかられ、明るく衛生的で、広く、使いやすそうだ。とくに、「山脇邸」の台所は、山脇自身がバウハウスに学んだ経緯もあり、「フランクフルト・キッチン（フランクフルター・キュッヘ）」のような機能性を重視したミニマルなデザインのキッチンになっている。

「フランクフルト・キッチン」は、一九二五年ドイツ人建築家エルンスト・マイとウィーン出身の女性建築家マルガレーテ・シュッテ＝リホツキーが共同開発したものだ。マイの「最低限の生活のための住居」というコンセプトで、コンパクトな空間のなかに、調理台、流し、レンジなどの設備がコの字型にレイアウトされ、主婦が一人でコックピットのような台所で最小限の動きですべての設備を操作でき、またアイロンをかけたり、家事労働の効率化、軽減化がはかられている。

マイらによる家事の提案は、バウハウスでおこなわれた実験住宅に引き継がれていった。「山脇邸」のキッチンにも見られるアルミ製の引き出しや機能的な調理台などに、「フランクフルト・キッチン」の流れを読み取ることができる。

だが、「土浦邸」も「山脇邸」も、台所の隣には、女中部屋が設けられ、台所は合理化がはかられていたが、女中が家事をすることを前提にして計画されたものだ。主婦が一人で操作する「フランクフルト・キッチン」とは異なり、台所も広く、共同作業がしやすいようになっていた。日本の台所は、土間からこのようなインターナショナル・スタイルの台所へと進化していったことがわかる。

戦後、増沢洵は一九五一（昭和二六）年に延床面積一五坪（五〇㎡）の最小限住居「増沢邸」を、一九五二（昭和二八）年に「コアのあるH氏の住まい」を設計した。「増沢邸」は吹抜けになった立体的な住まいでワンルーム構成、「コアのあるH氏の住まい」は平屋で住まいの中央に設備コア（お風呂とトイレ）があり、台所と食堂がL字型に配置されている。台所は設備コアの壁面に沿って配され、四隅に部屋はあるが、中央は設備コアがあるだけの南北に抜ける広いワンルームだった。

一九五四（昭和二九）年に完成した清家清の自邸「私の家」は、建築面積五〇㎡、これは最小限住居と同じ広さだ。ドアというものがひとつもなく、基本的にはワンルームだが、厳密には三枚の壁と中央のカーテンや家具でしきると三室になる。台所に関しては、「妻の健康のこともあるので最小限の house keeping ですむように設計したから、台所にしてもおそらく最小の台所に属する。それでいて、パーティなどのときは誰かが手伝えるようにもなっている」（＊1／八三頁）と清家はいう。

プランを見ると一枚の壁を隔てて、レンジと流しの裏側にダイニングテーブルが配され、最短距離で配膳や後片づけができるように考慮されている。

「増沢邸」と「私の家」は、最小限ということもあるが、女中部屋はなく、家事はすべて主婦一人でおこなうために、最小限の動きで設備を操作できるように計画されている。戦後の最小限住居からは、女中部屋が消えた。

民主化、男女平等、女性の地位向上が謳われ、家事労働の軽減化をはかったプランを建築家が競って提案した。そして、台所は北側の暗い場所から、日の当たる場所へと向かう。女性の家事労働について、台所の設計にこだわったのが池辺陽《きよし》だ。

それについて、難波和彦は、『戦後モダニズム建築の極北――池辺陽試論』（彰国社）のなかで、次のように述べている。

> 第一は主婦の家事労働の合理化が家族の近代化・民主化の中心のテーマだと考えたからである。キッチンレス・キッチンの目的は、台所は住まいの中心に置くことによって住空間を再編成し、新しい家族像にふさわしい生活様式を提案することであった。

社会的に自立した主婦のためのキッチン・ユニット

池辺陽は一九五一（昭和二六）年に「キッチンレス・キッチン」を提案し、一九五八（昭和三三）年には「Tキッチン」の試作を雑誌に発表している。一九五七（昭和三二）年に完成した「石津邸」は、池辺の代表作である。これは、住宅雑誌が企画した試作住宅の第一号としてデザインされたもので、アメリカの雑誌『アーツ&アーキテクチュア』誌編集長のジョン・エンテンザと建築家の協力でつくられた一連の住宅「ケーススタディハウス（CSH）」をモデルとしたものだった。日本では『モダンリビング』誌編集長の渡辺曙《あけぼの》が、エンテンザに倣《なら》い試みた。

そのCSHの第一号が「石津邸」であった。半階ずつレベルがずれた三フロアの構成は、「土浦邸」の構成にも似ている。半地下になった台所と一階の食堂は、ハッチでつながり、料理する人は対面式のレンジと流しが一体になった調理台で作業するので、ハッチから一階にある食堂と居間の様子がわかるが、一階からは視点の高さの違いで半地下にある台所が見えないように工夫されている。

その後の家電ブームやシステムキッチンの登場で、さらに家事労働の効率化、軽減化がはかられる。台所からモダン住宅を見ると、ヒエラルキー（階層組織）や女性の問題など、二〇世紀の歴史が垣間見えてくる。

（二〇〇二年一一月）

第4章　家という商品

プレハブ住宅の登場

最近、プレハブ住宅という言葉は使われなくなった。

プレハブとは、プレファブリケーション(prefabrication)またはプレファブリケイテッド(prefabricated)の略称で、意味は「建築物の部分もしくは全体をあらかじめ組み立てておき、建設現場での組み立て工数を減らすこと」(『建築学用語辞典』)で、住宅のプレハブ化は戦前から試みられてきた。日本で本格的に実現するのは、高度経済成長期の時代に入ってからだった。建築家もプレハブ住宅に取り組んでいた。前川國男は木製パネルによるプレハブ住宅「PREMOS(プレモス)」を開発している。一九四六(昭和二一)年の試作当初は、一六・五坪の1LDKだったが、一九五八年に設計された「PREMOS」は三四坪の2LDKになっている。

一九五五(昭和三〇)年に生産された軽量鉄骨を住宅に利用することを考え、一九五九(昭和三四)年に大和ハウス工業が先駆けて販売したのが「ミゼットハウス」[図1]だった。これは、「三坪、一一万円、たった三時間で建つ」という宣伝コピーで売り出し、勉強部屋やアトリエなどに利用された。

浴室とトイレを備えた本格的なプレハブ住宅は、一九六〇年に登場した積水化学工業の「セキスイハウスA型」だった。積水化学工業はプラスチック・メーカーだったことから、軽量鉄骨とアルミとプラスチックでできていた。広さは1LDKで一三・七四坪だった。一九七一(昭和四六)年には、積水化学工業は建築家・大野勝彦の設計協力を得て開発した、部屋をまるごと工場で生産するユニット構法

図1　1959（昭和34）年に登場した大和ハウス工業のミゼットハウス。軽量鉄骨を使い、「3時間で建てられる家」をキャッチフレーズに販売、勉強部屋やアトリエなどに利用された。プレハブ住宅の先駆的商品。大和ハウス工業

図2　1971（昭和46）年に販売されたセキスイハイムM1。工場で生産するユニット構法で、設備もすべてユニットに組み込まれ、現場ではクレーンでユニットを据えつけるだけで完成した。ユニットの数と組み合わせで間取りを変えることができる。積水化学工業住宅事業本部

の「セキスイハイムM1」[図2]を販売した。4LDKの二階建てで、ユニット数とその組み合わせで、豊富なプランバリエーションが可能になり、設備もすべてユニットに組み込まれていた。現場では、クレーンでユニットを据えつけるだけなので、工期を大幅に短縮することもできるようになった。販売価格に占める工場生産化率を八〇%以上に引き上げ、より合理化を推し進めた工業化・商品化住宅で一㎡当たり一三万四〇〇〇円。発売後五年間で一万七〇〇〇世帯に普及している。

一九六八（昭和二三）年度の第十次南極越冬隊の居住棟として、ブリザードの風圧に耐え、断熱性・気密性などの性能面が評価され、ミサワホームの木質パネルを使った住宅が採用されたケースもある。一九七六年に発売された「ミサワホームO型」は、吹抜けになった玄関ホールを中心に、部屋を左右に配した振り分けタイプ。個室の独立性を高め、壁が多くなることで構造的な安定もはかっている。和室が一階、二階に一室ずつある4LDKで四四坪、さまざまなライフスタイルや家族構成に対応しやすい間取りだった。施主の希望に合わせた自由設計タイプのプレハブ住宅が多かった当時、「ミサワホームO型」は「規格型商品」として、脚光を浴びた人気商品だった。

一九六〇年代のプレハブ住宅は、現場での作業を簡略化したことから「イージーオーダー」という言い方もされたが、七五年以降は高級化が進み、また居住性やデザイン性も少しずつ向上していった。「工業化・商品化住宅」の品質が向上するに従い、しだいに「プレハブ住宅」という名称が使われなくなり、「メーカーハウス」という名称に変わった。

阪神淡路大震災で実証されたプレハブ住宅の耐震性

一九九五（平成七）年一月一七日の未明に兵庫県南部にマグニチュード七・三の地震が発生した。これが阪神淡路大震災で、多数の住宅やビルが倒壊した。発生から九日後の朝日新聞（一月二六日付け夕刊）の一面に、「プレハブ『軽さ』で激震しのぐ」という見出しで、次のような記事が掲載された。

阪神大震災で多数の住宅が倒壊したが、大手メーカーのプレハブ住宅は、大きな傷もなく残っていることが、積水ハウス、大和ハウス工業、旭化成工業などのこれまでの調査でわかった。三社によると、販売済みの住宅調査の結果、全面倒壊や半壊といった被害は確認されていないという。建築専門家も「プレハブ住宅は屋根、外壁ともに軽い。それが耐震性につながったのだろう」と分析している。（経済部・清水祐一、塩原俊彦）

このときに倒壊した住宅は、昭和三〇年代、四〇年代に建てられた「文化住宅」と呼ばれ、関西に多く建てられたものだったが、いずれも築三、四〇年で、台風の通り道であったことから、「屋根を重くし、それを柱と梁だけで支えていたため、地震に弱かった」と分析した調査結果も発表されていた。倒壊した住宅のほとんどが、木造軸組工法を中心とした在来工法によるものだが、必ずしも地震に弱かったわけではないとある。神戸市などの被災地で分譲住宅を建て売りした三井不動産は、「販売して十年以内の在来工法の建物を調べたところでは、全壊・半壊を含めて大きな損傷はない。住宅金融公庫の規定や社内の施工基準があり、在来工法に問題はない」というコメントも掲載されていた。

阪神淡路大震災後、倒壊したビルや住宅の調査結果をもとに耐震基準が引き上げられた。しかし、ハウスメーカーの住宅は「プレハブ住宅」という名称で呼ばれたが、耐震性という構造面での性能が高く評価され、その後「プレハブ住宅」の普及率はさらに伸びていった。

東日本大震災（三・一一）以降の住宅

二〇一一（平成二三）年三月一一日の午後二時四六分に、宮城県牡鹿半島沖を震源地とするマグニチュード九・〇の東北地方太平洋沖地震が発生した。この地震の被害も大きく、倒壊した建物もあったと思うが、その後に発生した津波による被害のほうが大きかった。メーカーハウスの地震による被害報告は聞いていないが、波高一〇m以上、最大遡上高四〇・一mという津波によって流され、壊滅状態になった地区も少なくない。

一九九五年の阪神淡路大震災後、耐震基準が厳しくなり、新たに建てられた建物や、補強された建物は揺れには耐えたようだが、津波被害にあった住宅のほとんどは押し流された。一〇mの津波に襲われれば、どんなに構造的に強くても、仮に重量鉄骨でつくられた家だとしても、それが潜水艦のような建物でないかぎり、水圧や流れてくる障害物でひとたまりもないだろう。それこそ、潜水艦のような核シェルターを住宅の地下に設置して、津波がすぐに押し寄せてくるようであれば、水が引くまでそこに避難するのがいいかと思うが、酸素や水や食糧、それにトイレなどの問題を考えると救助を待つあいだの二、三日が限界だろう。そういった核シェルターをつくるには、地上の住居（建物）以上の建設費がかかり、ある意味、現実的でないように思う。

それよりも、家族が集まる茶の間のような小さな空間が、緊急時は救命ボートやカプセルに早変わりして、家の外へ飛び出るような仕掛けにしておいたほうがいいのか、などと考えてしまう。それだったら、クルマが水に浮くようにしておき、防水性能を高め、また水中でも推進力がある小型潜水艦のような機能を持たせたほうがいいだろうとか、次から次へと創造力がふくらむが、実現できるものがいくつあるのだろうか。

「小さな家」を建てて大きく暮らす

建築家の伊礼智も、「東京町屋・九坪の家」[図3]（二〇〇六）や「九坪の家・length」（二〇〇九）と「九坪の家」を設計している。そして、さらに「小さな家。計画」を提唱している。これまでのように、法規や条例で許されるかぎり敷地目一杯に家を建てるのではなく、自分たち（家族）の身の丈にあった小さな家を

図3　東京町家 9 坪の家。門扉や塀はなく、黒竹のスクリーンの裏に約 1 坪の縁台が設置されている。完璧に町との関係を遮断するのではなく、ほどよい関わりのために植物を利用している

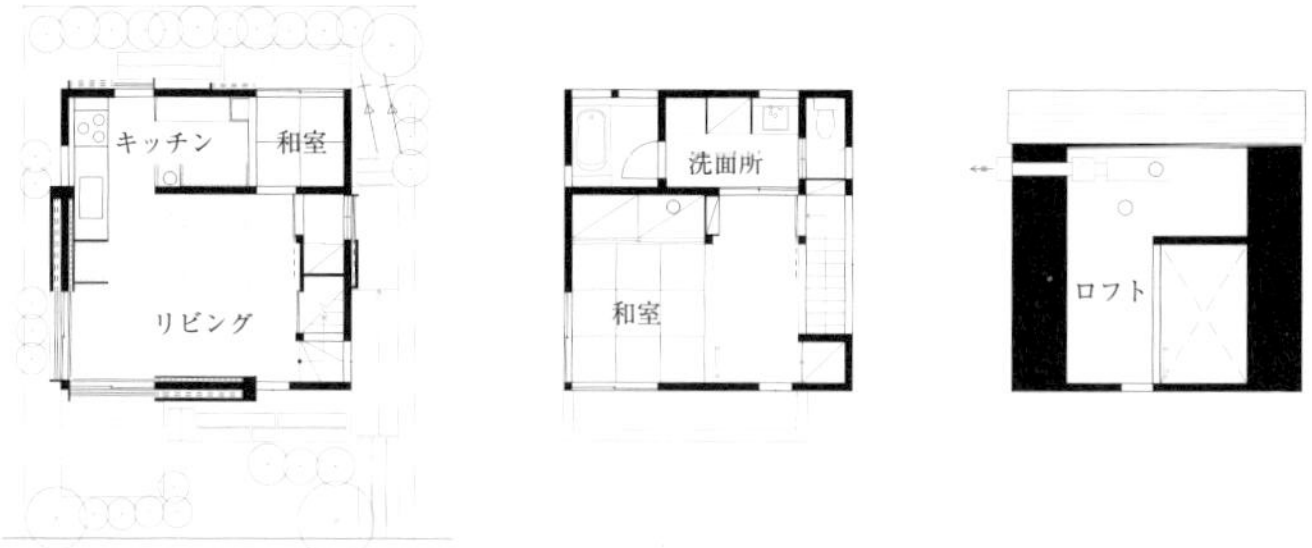

1 階　　2 階　　ロフト階

小さく住む・町に暮らす

「この家は、東京・練馬の風致地区になっている 22.6㎡の土地に建つ、緑の豊かな住宅地の一角、建蔽率が 40% なので最大の建築面積が 9 坪、3 間角を縦に重ねた、夫婦二人のための小さな住まいとなった。狭小住宅こそ、外に向かう意識がなければ、町に寄与できる存在たり得ない。またそうすることで、物理的に小さな家でも、広く暮らすことができる。小さな家は最大のエコ……無駄に大きく住まないことはもっと語られていいと思う」（伊礼智）

建てようと呼びかけている。それによって緑が増え、光や風を感じられるようになる。また、住宅ローンも減り、さらにはCO_2の削減になり、地球環境という視点からも低負荷型住宅になるのではないかという。

日本にはもともと借景という考え方があった。敷地目一杯に建てなければ、それぞれの家の周りにはオープンスペースができる。そして周囲の家の庭も広くなり、借景が楽しめる。それによって、外で過ごす時間が自然と長くなり、屋外でお茶を飲んだり、食事をするようになれば生活にゆとりが生まれる。そうなれば、外部空間も有効に使え、小さな家で大きく暮らすことが可能になるのではないだろうか。

伊礼は、質の高い住宅をできるだけリーズナブルな価格で多くの人に供給するために、設計の標準化も試み、住宅のプロダクト化を目指している。その方法は、「標準玄関」「標準浴室」「標準洗面所」など部屋ごとに標準化し、それを組み合わせることで、設計や施工の簡略化、短縮化、デザインの統一をはかり、全体的に質を高めようというものだ。そういった住宅が可能になれば、新しい景観をつくることになるが、それがその地域の自然や景観と調和した日本の新しい景観になることを期待したい。

かつて、古民家（安井邸）図4 を取材に岡山市青江に行ったことがある。

その当時（一九九八年）で、築七〇年の民家を再生した住宅だった。骨太の柱と梁で組まれたその民家は、南海地震（一九四六年潮岬沖を震源としたマグニチュード八・一の大地震）にも耐え、その堅牢さは実証済みだった。その再生を手がけたのは建築家の矢吹昭良だった。彼は「古民家再生工房」という建築家のグループのひとりで、岡山県を中心に活動している。建主は、敷地内にメーカーハウスを建て、そこで五年ほど暮らしていた。民家は夏涼しく、冬は隙間風などで寒く、軒が低いため、外光があまり入らず、日差しが強い夏などは家に入ると目がしばらくは馴染めず、目の前が真っ暗闇になる。映画館に突然入ったような感覚で、天井裏などは闇の濃度が濃く、そこに暮らした人たちは子供の頃恐い体験をしたのではないだろうか。台所は北側のジメッとした環境にあるなど、近代的な居住環境とかなりかけ離れているように感じ、多くの人がそういった民家を取り壊し、メーカーハウスを建てたのではないだろうか。

しかし、築一〇〇年以上の民家を再生して、内部を使い勝手のいい現代の居住空間に改築すれば、外観の風情を損なわずに、吹抜けになった広い空間を有効に使うなど、工夫しだいでは個性的な住宅にすることができる。

建主が、民家を再生して住みたいと思ったきっかけは、建主の祖父がその家（民家）にひとりで暮らしていたが、祖父が亡くなり、その家をどうしようかと考えていたときに、矢吹らの「古民家再生工房」の活動を記録した『甦《よみがえ》る民家』（山陽放送一九八七年放映）という番組を思い出した。そして、建て替えだけでなく、古い民家を再生するという方法もあると思い、矢吹に相談し、設計を依頼した。キッチンや浴室などの水回りはすべてリニューアルされ、リビングやダイニングは椅子坐の生活だが、時間が蓄積した柱や梁で組まれた空間は力強く、守られている感じがあり、また木や漆喰の壁など、自然素材に囲まれていると癒《いや》される。畳がある座敷も残っていて心が落ち着き、昔ながらの床坐の生活もできる。

昭和三〇年代にインフラが整いはじめ、近代化の波で部屋全体が明るく、白く衛生的で、機能的な住宅が求められた。多くの人は、メーカーハウスでの新しい生活スタイルを望んだ。それによって、街並

図 4・1　岡山県にある安井邸。築 70 年の 2 階が厨子になっている。農家（古民家）が現代の住まいとしてよみがえった

図 4･2　安井邸は 1926（大正 15）年に建てられ、1946（昭和 21）年の南海地震（マグニチュード 8.1）にも耐えた堅牢な古民家。黒くなった太い柱・梁には不思議な包容力がある。矢吹昭良らの「古民家再生工房」の活動を知り、古民家再生を試みて矢吹に設計を依頼した

みが一変し、全国どこへ行っても同じような家が建ち並び、同じような景観になってしまった。歴史的な街並みを保存し、郷土の景観を残そうと叫ばれたが、すでに遅く、白川郷や大内宿など、全国で残った集落は数えるほどになっていた。

現在は、古民家を歴史的遺産と考え、また古民家を解体しても、部材をリサイクルする古材バンクなども誕生した。古材の利用は、住宅だけでなく、店舗などのインテリアデザインなどでも使われ、利用価値は高い。古いものには価値があることを多くの人が理解すれば、少しずつ景観を保護する方向へ向かうのではないだろうか。

家を商品と考え、減価償却という発想がすでにおかしいと筆者はつねづね思っている。家は商品ではなく、そこに建ってしまえば景観を構成する一部になっている。どのような建物であれ、建てた人、買った人には社会的責任がある。かつての使い捨ての時代が終わり、「古民家」や「古家(築三、四〇年の家)」を再生させる動きもある。家のプロダクト化を目指し、質が高いものを低価格で提供することは重要だが、家を商品と考えた時点で、時間が経過するごとに商品価値は下がっていく。かつての民家に使われていた部材は自然素材で経年変化し、いい味を出していく。そのための手入れは必要だが、愛情を注げばそれなりに、どの家も応えてくれる。

イギリスには、いいモノを愛でる習慣があり、家だけでなく家具や食器なども代々受け継がれていく。時間を蓄積したモノのよさ、骨董だけでなく、普段使っている道具のなかに美を見出す能力を、私たちはもともと身につけていたように思う。デザインという言葉が日本に入ってくる以前から、その素養があり、それが工芸や民芸なのかもしれないが、江戸時代の浮世絵に描かれている民家や街並みは美しく、そのようなバランス感覚を明治以降どこかに忘れてきてしまったような気もする。日本人は素晴らしい美意識をもっている民族で、それはこれまでに工芸や織物、プロダクト、建築でも今日遺る優れた建物が実証している。六世紀の奈良時代に仏教文化が入ってきて、それを自分たちの文化に取り入れ、いつの間にか（加工して変容させ）独自の文化につくりかえてきた。

江戸から一〇〇年が経過した昭和で日本人の住まいや生活は大きく変わったが、その昭和からさらに一〇〇年後の日本人の住まいや生活はどのようになっているのだろうか。江戸の長屋に暮らす庶民の生活は、物質面では今のほうがたしかに豊かだが、精神面、たとえば「幸福度」でいえば、果たして今のほうが上なのかどうかはわからない。今日のような複雑系の情報化社会より、モノや情報が少ない、清貧の時代のほうが豊かに感じられるのはなぜなのだろうか。人間は豊饒な生活を望む反面、禅の修行僧のような質素な暮らしもどこかで望んでいるからなのだろうか。

第5章　建築家の家

清家清の「私の家」

建築家・清家清の名前を初めて知ったのは、一九七六（昭和四一）年に放映されたインスタント・コーヒーのテレビCMだった。

「違いのわかる男」というコピーで各界の著名人が毎年選ばれ、CMに登場していた。映画監督、音楽家、歌舞伎役者、小説家、華道家の次に登場したのが建築家で、建築家という職業を世に知らしめたということでは、清家清は当時日本で一番有名な建築家でその功績は大きい。

清家のデビュー作ともいえる一九五一（昭和二六）年の「森博士の家」[図1]は、戦後の日本人の住まいのその後の方向を示したものといえる。南側に外廊下、障子と襖でしきられた和室が二つ並んだ続き間、と伝統的な間取りを継承していた。障子や襖を取り払うと、がらんとしたワンルームとして使うことができ、畳敷きの和室は、夜は寝室、昼間はフリースペース（ユニバーサル・スペース）として使え、機能を限定しない和室は狭い家において有効な空間だった。この有効な和室は、一九五四（昭和二九）年の「私の家」[図2]（清家自邸）では消え、移動式タタミとなっている。二畳弱の畳を載せた木の台（一・五m角）があり、自由に移動できる。この移動タタミは、ときには子供の遊び場に、また和服を畳む台にもなるなど、和室と同じように多目的に使える可動式のミニ和室だった。

「私の家」は、清家がこの時期一貫して追究していたワンルームの住宅の帰結ともいえるもので、トイレ・浴室も含め、徹底して扉が一枚もなかった。また、玄関もなく、靴脱ぎの場を設けず、靴を履い

図1 「森博士の家」(1951年竣工)。外廊下と、襖と障子でしきられた続き間がある。畳敷きの部屋は寝室になるが、機能を限定しないので、ユニバーサル・スペースとしても使える。写真3点とも「昭和住宅史」『新建築』1976年11月臨時増刊号

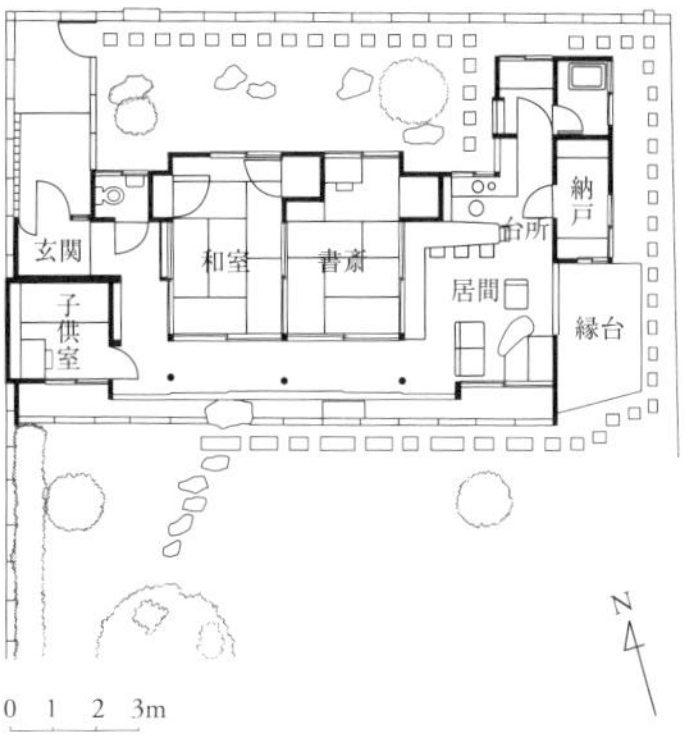

襖・障子によってしきられた日本的な間取りだが、ワンルームを意識した空間構成になっている

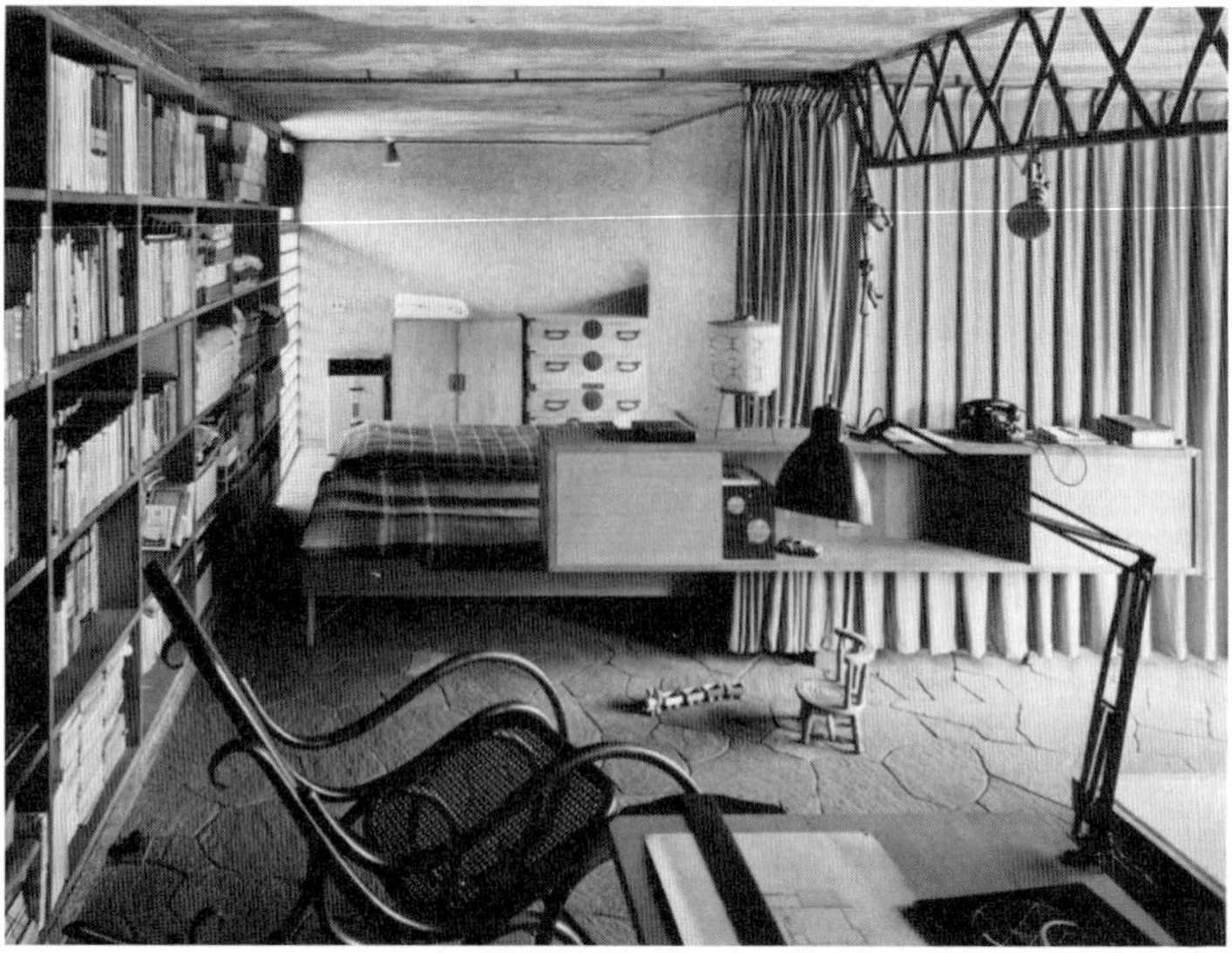

図 2 「私の家」(1954 年竣工)。壁はあるが、ドアがひとつもなくほぼワンルームになっている

玄関がなく、当初は土足式生活を試みた。写真 2 点とも『新建築』1976 年 11 月臨時増刊号

たまま生活することを前提に計画された。夏などは裸足で庭に出て、そのまま家に入れるので子供たちには評判がよかったが、掃除をする側から抗議が出て、二年ほどで靴脱ぎの生活に戻ったという。今のような掃除機がない時代、靴に付いた泥や煙草の灰などが鉄平石の溝にたまり、たしかに掃除する側は大変だっただろう。洋風の生活を建築家が自ら体験して、日本で靴を履いたまま（土足）生活することは家を必要以上に汚す。不浄という考え方が土足生活を奨励せず、どうやら靴脱ぎという行為が今日まで継承されている理由のようだ。

靴脱ぎで思い出すのが、池辺陽設計の「石津邸図3」（一九五七）で、この家にも靴脱ぎの場がなく、土足式生活を前提に設計されていた。池辺が設計したこの住宅は、彼の最初の作品から数えて三八作目にあたることから「No.38」と呼ばれ、また『モダンリビング』（二二号、一九五八）ではアメリカの『アーツ&アーキテクチュア』という雑誌で企画した「ケーススタディハウス」に倣って、日本版「ケーススタディハウス」を企画した三軒のうちのひとつで、「ケーススタディハウス #1」という別称がついていた。この「No.38」のオーナーは、アイビールックで知られるVANの創始者であった石津謙介で、当時流行の最先端をいく人の家として、多くのメディアが取材した。当初は土足で生活していたようだが、雨や雪の日などは、室内が汚れることから、後に絨毯を敷いて、靴置きをつくり、土足でもスリッパでも裸足でも生活できるようにしたと石津は語っていた。

日本では、この土足式生活を多くの人が試みてはいるようだが、長くはつづかないようだ。

図3 「石津邸」(1957年竣工)。設計者の池辺陽は「No.38」、『モダンリビング』誌では「ケーススタディハウス #1」という名称だった。写真2点とも「昭和住宅史」『新建築』1976年11月臨時増刊号

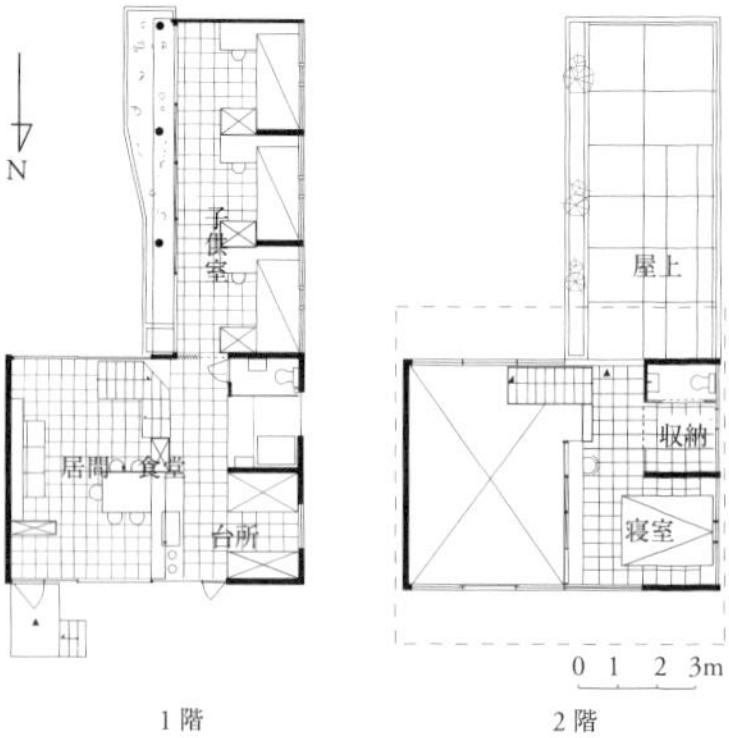

2層分の高い吹抜け空間になった居間。靴脱ぎの場はなく、池辺は「土足式生活」を提案した。「ドアのないトイレ」「ドアのない寝室」「窓のはめ殺し化」などを試みている

また、清家清の「私の家」に話を戻すが、建築家はこの自邸で、いろいろな実験を試みている。空中に浮いた棚（実はその棚の裏に一枚の壁の小口が直角に接し、その部分で支えている。ワンルームをしきるカーテンで後ろの壁の小口を隠しているので、空中に浮いているように見える）や、地下室へ落とし込む家事室（書斎）南面の窓など、それにより、夏などはまるで日本の伝統的な民家のように南側の開口部は全面開放することができるようになっている。

気になるのは、この家は平屋なのに、地下室があったことで、いったい何のための部屋だったのだろうか。

それについては、『「私の家」白書』（清家清）で、次のように清家が述べている。

もともとは防空壕です。広さは、五メートル×四メートルだから二〇平方メートルくらいです。しかし、最初の三年ぐらいは湿気があって使用できませんでした。また使う必要もなかったから、あそこは蓋をしていました。

防空壕の上に家を建て、防空壕を地下室としようとしたが、打ったコンクリートが乾くのにかなりの時間を要したようだ。筆者にとって長年の疑問が解けたことはよかった。

モダニズムによる功罪は、均一な空間で部屋の隅々まで明るい健康的な空間になったが、その反面、闇が消え、それとともに妖怪のような魑魅魍魎《ちみもうりょう》も消えてしまったような気もする。昔の家には開かずの間や布団部屋などがあり、子供たちが悪いことをしたときのお仕置き部屋などに使われていた。子供の想像力はふくらみ、宮崎駿の「マックロクロスケ」や「トトロ」もそうだが、水木しげるが描くもっとリアルで恐い妖怪がいたのではないだろうか。

東孝光の「塔の家」

ドアがない戦後の名作住宅といえば、清家清の「私の家」と池辺陽の「石津邸（No.38）」、それと東孝光の「塔の家」図4・図5（一九六七）も忘れてはならないだろう。そして、もう一軒あげろといわれれば、安藤忠雄の「住吉の長屋」（一九六七）ではないだろうか。

この四軒の家には共通点がある。構造がすべて鉄筋コンクリート造でありながら、小さな家であるということ。「私の家」や「石津邸」は、当初は土足式生活を奨励されたこと、ただし、「塔の家」には靴脱ぎの小さなスペースがある。そして、「住吉の長屋」には、二階のブリッジを挟んで東西にある寝室の入口にはそれぞれ靴脱ぎの小さなスペースが設けられている。つまり、東西に細長い長屋のボリュームは三分割され真ん中に中庭があるため、ここでも基本は土足式生活で、土間で生活しているような感覚だ。

この四作品を見ると、日本の住宅の構造が木造ではなく、いずれも鉄筋コンクリート造であったことが驚きだった（戦後の鉄筋コンクリート造の名作をもう一点といわれれば、間違いなく吉村順三の

図4　1967（昭和42）年、竣工直後の「塔の家」。周辺は都心の住宅街だった。撮影・村井修

図5　左・ビルの谷間に建つ、現在の「塔の家」。右・2階の居間。2層分の吹抜けは面積以上に広く感じられ、階段の踏面もベンチになる。撮影・東環境・建築研究所／東利恵

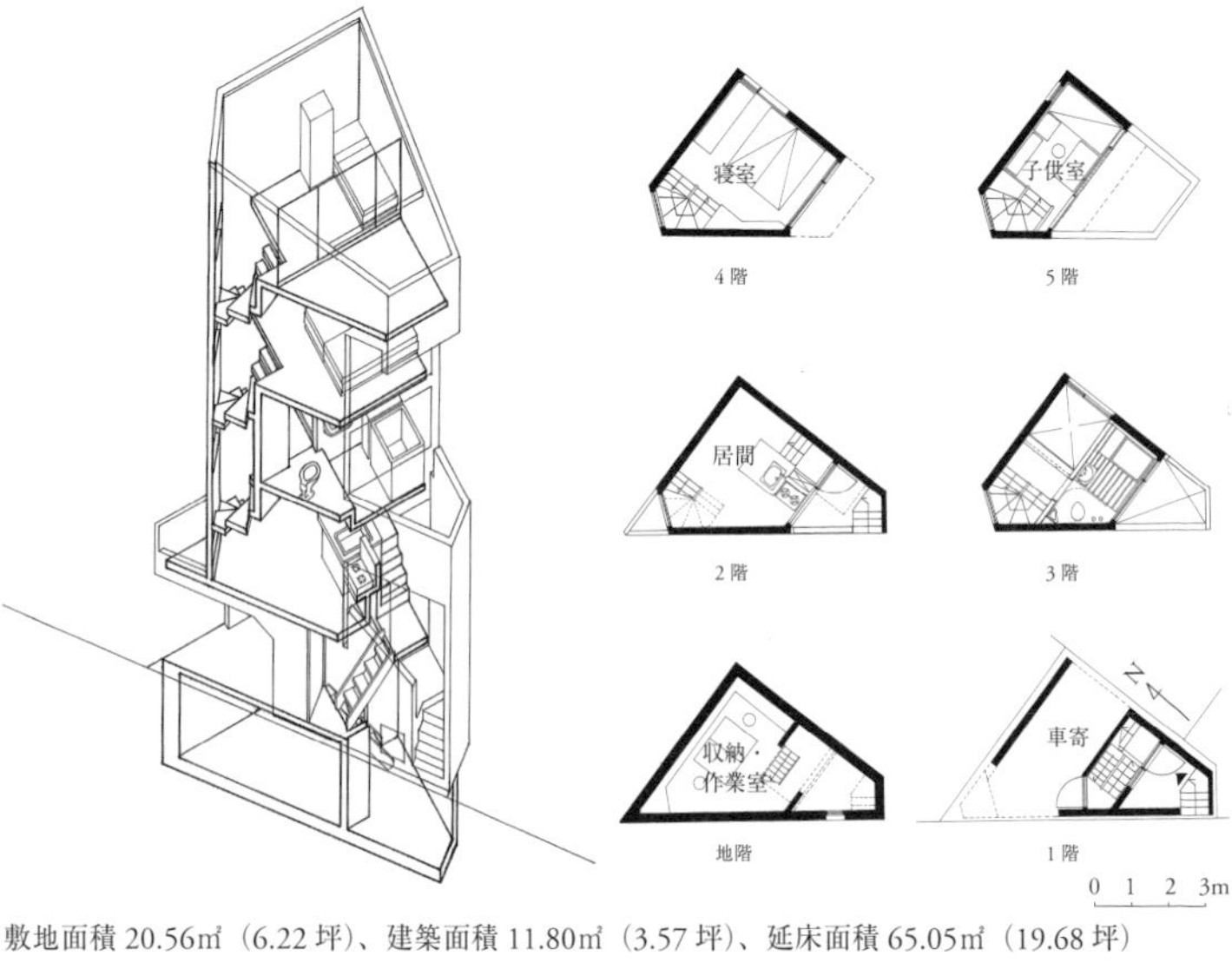

敷地面積 20.56㎡（6.22坪）、建築面積 11.80㎡（3.57坪）、延床面積 65.05㎡（19.68坪）

「軽井沢山荘」で、それも加えておきたい)。また、いずれも、靴脱ぎという問題をかかえていることと、室内のドアがほとんどないということ。これらが、不思議と共通している。

ドアがないことで、困るのが、トイレやお風呂だ。音や匂い、湿気など、家族だけであれば、なんとかなるだろうが、客人となるとそうはいかない。清家は、「〝先生の家はトイレに扉がないから……〟ということが知れわたったので、お客さまも、予め用を足してきてくれるので、それほど不便を掛けないようになったが、どうしてもという方には隣に住んでいる旧態依然の両親の家のを利用してもらっている。」と『「私の家」白書』のなかで書いている。そういう意味で、徹底してドアがないのが、「塔の家」だ。

東孝光は、一九六五(昭和四〇)年に、当時の俗称オリンピック道路(現在のキラー通り)に沿った三角形の六坪の土地を二五〇万円で買い、総工費二四〇万円で「塔の家」を建てる。竣工は、東京オリンピックが開催された一九六四(昭和三九)年から四年後の一九六七(昭和四二)年だった。竣工当時の写真を見ると、周辺は低い住宅だけが建っているだけで、「塔の家」がひときわ高く見えるが、現在は軒並み高いビルが建ち並び、半世紀のあいだに環境は一変した。いつの間にか、そこが都会になり、小さなコンクリートの建物だけが取り残された様子は、バージニア・リー・バートンが描く「ちいさいおうち」のような印象だ。

この「塔の家」の建築データを書き出しておくと、地下一階・地上五階建て、敷地面積は二〇・五六㎡(六・二二坪)、建築面積は一一・八〇㎡(三・五七坪)、延床面積は六五・〇五㎡(一九・六八坪)で、道路から階段を数段上がると、靴脱ぎのための玄関がある。そこは建物の二階にあたり、居間・食堂・台所を兼ねたスペースで、広さは三・五七坪、畳の広さに直すと約七畳だが、吹抜けになっているためか、数字以上に広く感じる。この二階のスペースには多いときに三〇人ほどの人が入ったことがあるという。そのときは階段が観客席のようになる。

冷蔵庫、テレビ、キッチンカウンターとあらゆるものがサイズダウンした「塔の家」仕様で、限られたスペースのなかに、見事にビルトインされている。コックピットで調理をつくっている感覚だと思うが、家事動線のような移動がないので、逆に合理的で短時間で調理が終わるのではないだろうか。ただ、冷蔵庫など年々大型化が進み、冷蔵庫が壊れたときに、ここにピッタリ納まる冷蔵庫を探すのが大変だったと、東夫妻は話していた。

住み心地については、「当然階段での上下移動はあるが、それ以外とくに不便なことはなく、ここでの都市居住は快適だ」と東夫人が話され、夫が家族のために設計したこの家に愛着をもって住まわれていることが伝わってきた。大きな住宅では、階段室だけでも三坪くらいあることを考えると、この家は階段室の踊り場で暮らしているような感じでもある。京都の町屋のような間口が狭く奥行きが深い、水平に展開するプランを垂直に展開させたのが「塔の家」で、ドアはいっさいないためか、上下にいても気配は感じる。しかし、視覚的には遮られるので、プライバシーはさほど気にならないという。

一時期、高齢化社会を迎えるにあたり、バリアフリーやユニバーサルデザインが叫ばれたが、この家はある意味、逆バリアフリー住宅だ。それが、日々家族のための（足腰の）トレーニングになり、老化防止になると考えればいいのではないだろうか。都心の最小限住居に暮らすと、美術館、映画館、レストラン、ブティック、病院など、どこへでも歩いて行けるという利点もある。この「塔の家」も周辺の都市環境をうまく利用すれば、「小さな家で大きく暮らす」という発想で、老後は都心で暮らすことのほうがいいのかもしれない。

坂茂の「はだかの家」

坂　茂は紙管を建築の構造材として、最初に使用したことで知られる建築家である。建築構造材としての紙管の使用は、建築基準法においてそれまで前例がなかったため、一九九五（平成七）年の「紙の家」を設計するにあたり、構造家の松井源吾と共同で実験を進め、紙管構造の建築基準法三八条の評定を取得した。ハノーバー万博二〇〇〇の日本館に際しては、フライ・オットーと共同して、ドイツの建築基準をクリアして実現させた。

また、坂はマイノリティや難民、被災者の住宅問題にも関心を寄せ、ルワンダの難民を支援するために国連難民高等弁務官事務所（UNHCR）に「紙の緊急シェルター」を提案し、開発・試作している。さらに、一九九五年の阪神淡路大震災でも、紙管を使って仮設住宅や教会を建てている。その後も、世界でおきた地震や津波などの被災者の支援活動を続け、二〇一一年の東日本大震災でも、女川町に三階建てコンテナ仮設住宅を建設するなど、設計活動と併行して、支援活動を国内外で続けている。

坂が設計した住宅は、「カーテンウォールの家」（一九九五）や「家具の家」（一九九五）など、筆者

図6 「はだかの家」(2000年竣工)。個室を家具のように移動できるようになり、間取りの変遷は、この「はだかの家」で終止符が打たれたような印象がある。写真2点とも撮影・平井広行

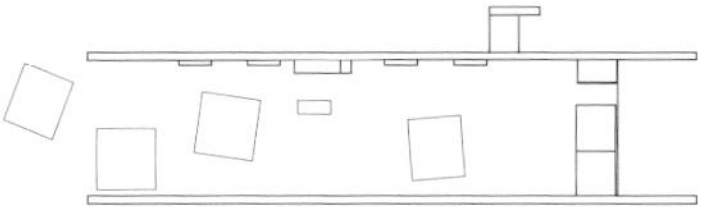

可動室を外部まで移動したパターン

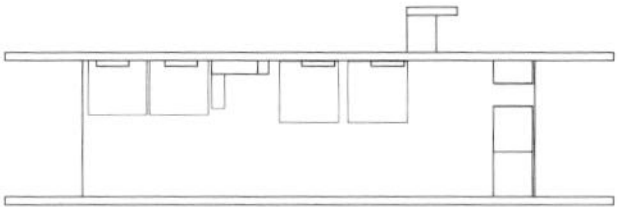

可動室それぞれをエアコンがある位置に接続したパターン

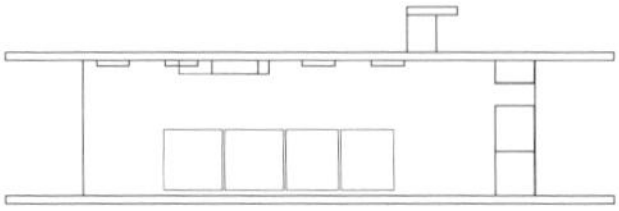

可動室を連結させて大きな個室にしたパターン

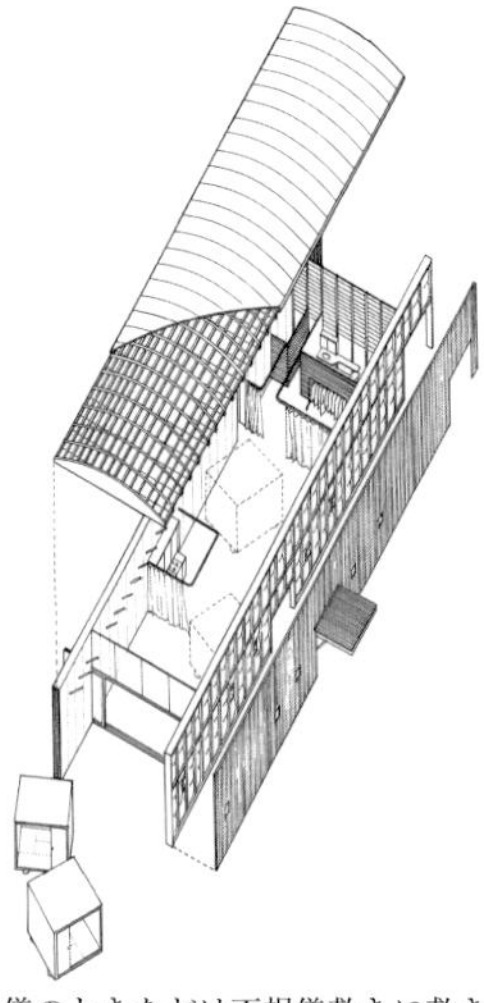

畳の敷き方には吉(祝儀敷き)と凶(不祝儀敷き)があり、葬儀のときなどは不祝儀敷きに敷き替えられていた。2700mm角の可動室には4.5畳分の畳が敷かれている。ここでは部屋の並び替えで吉と凶を表現できるのではないだろうか。室内遊牧民生活といったほうがいいのだろうか

が実際に取材している家が何軒かある。そのなかで、「はだかの家」図6（二〇〇〇）は、明らかにこれまでの竹や紙、家具などを構造とした提案の住宅とは異なるものだった。構造は木造だが、外壁にFRPの波板を使い、発泡ポリエチレン製緩衝材とポリエチレン製気泡パッキング材の断熱材があいだに入っている。そのため、半透明になった壁から障子越しのようなやわらかな光が室内に入る。周囲は畑と川で、温室が点在している。この「はだかの家」は、住宅というよりは温室のような趣で、内部もがらんとした一室空間になっている。

日本の住宅の間取りを、明治時代の間取りから今日まで、その変遷をたどり、この住宅の間取りにいたると、空間をしきるという発想はない。約四二坪のだだっ広い、二層分の倉庫のような空間（大広間）のなかに可動室と呼ばれる、畳が敷かれた約四畳半の大きさの箱が四つあり、それを自由に移動して使うことができる。つまり、その日の気分や季節ごとに間取りを自由に変えることができる。可動室は筒状の四角い箱で、箱の上部はロフトとして使え、可動室を四つ連結すれば、（約一八畳の細長い）続き間になる。

坂は家具を家の構造とした「家具の家」を設計しているが、この「はだかの家」では、四つの箱型の可動室という家具があり、そのなかでくつろいだり、寝たりすることができる、いうなれば巨大家具（ジャイアントファニチュア）である。清家清は、かつて縁台のような多目的移動式タタミを、自邸の一室空間に置いていたが、坂の可動室はこの多目的移動式タタミを立体化したもので、トンネル状の四角い箱を組み合わせれば、続き間や田の字型など自由にレイアウトを変えることができるようになっている。

この可動式の部屋（個室）の登場で、間取りの変遷に終止符が打たれたような印象がある。

中村好文の普段着の家・普通の家

東日本大震災後の朝日新聞（二〇一一年五月一八日付）に、次のような天野祐吉の「CM天気図」という連載コラムが掲載されていた。

> テレビに戻りつつあるふだんの番組を見て、作家の橋本治さんが「大震災関係の番組と普通の番組との間にギャップがありすぎるのではないか」と『中央公論』6月号の時評で言っている。普通に戻るのはいいが、その普通は大震災前の普通でいいのか。大震災前の普通は、本当に普通だったと言えるんだろうか。そういう橋本さんの指摘は、テレビ番組だけでなく、CMにも通じる大きな問題だ。

コラムニストの天野は、この書き出しのあとに、キンチョウの「コバエがポットンの大問題」のCMの話につなげているが、住宅の問題にも通じている。東京電力の福島の原子力発電所の問題も大問題であり、国民一人ひとりが考えていかなければならない問題である。

さて、「大震災前の普通」は本当に普通だったのかという問題もさることながら。「普通の住宅」とはどんな家なのだろうか。建築家の中村好文は、『普段着の住宅術』のなかで次のように述べている。

「食う寝るところ住むところ」という言葉がありますが、生活のすべてが「ひとつ屋根の下」にすっぱりと居心地良く、バランス良くおさまっていて、そのことがどこにいても気配を感じられる「家」が、私の身の丈に合った普段着の住宅ということになるのでしょうか。できれば、そんな住宅を丁寧に作り続けていきたいと思います。

自分の家でフォーマルな服を着て生活する人はいないので、普段着のような家がいいと中村はいう。中村好文が設計する一連の住宅には、日本の住まいが持っていた、居心地がいい場所がいくつもしつらえられている。それは、子供の頃に体験した居心地のよさであり、それがモダンデザインとうまく結びついている。中村は、『中村好文　普通の住宅、普通の別荘』のなかで、彼が考える「普通」について、次のように述べている。

レストランやショップを設計していたときも、美術館や記念館を設計していたときも、家具や小物のデザインに取り組んでいたときも、私が潜在的に目指していたのは、人が目を瞠《みは》り、誰もが話題にせずにはいられない「特別なもの」ではなく、気張りもしないし、気取りもしない。背伸びもしないし、萎縮もしない。無理もしないし、無駄もしない。それでいてまっすぐに背筋の通った「普通のもの」でした。そして、用を満たす観点や、美しさという視点からも、過不足なくほどよくバランスの取れた「ちょうどいいもの」でした。

「普通でちょうどいい」ということは、住宅にかぎったことではないと中村は指摘している。日本人にとって、自分にとって、「普通でちょうどいい」ものは何かを探すことからはじめなければならないが、それには自分を知らなければならないし、一緒に暮らす家族のこともよく知らなければならない。自分探しにも似ているが、自分のルーツ、日本人のルーツを探ることにもつながっていくことになる。そして、天野祐吉も指摘していたと思うが、あの東日本大震災前の「普通」とは何か、「普通の生活」とは何かということを、日本人一人ひとりが今問われているように思う。

家事を徹底的に削減した家「NT」

拙著『建築家と家を建てたい』で、ADHの渡辺真理《まこと》と木下庸子が設計した住宅「NT」について書いた、冒頭の部分を引用すると。

昭和四二年の『週刊朝日』に「これからのマイホームはL!」と謳われた記事が載っている。「3LDK――6, 6, 4.5畳の和室とDK、それに広いリビングルーム（洋風の居間）、これがマイホームを夢みる庶民のあこがれのマトだ」

それまでは、四三㎡の2DKが主流だったが、その年、リビングルームのある3LDKの団地が登場。床面積は七四㎡となり、リビングがある3LDKは「遠くがかすんで見えるほど」とまで形容された。かなりオーバーな表現だが、当時の平均床面積からすると、リビングがある空間はそのくらい広く感じられたのだろう。

三〇年前の核家族のためにつくられたリビングのある3LDKは、現代の家族にも有効なのだろうか。

公団の間取りに、リビングが初登場した一九六七（昭和四二）年から、すでに半世紀を経過している。日本の住まいは、公団が決めたnLDKという基準がそのまま日本の住まいの間取りを表記する記号として使われ、ある意味この基準から逃れられないまま、今日まできてしまった感がある。都市生活者を見ると、かつては夫婦と子供（二人）という家族構成、いわゆる核家族と呼ばれる家族が多かったが、現代ではシングル、DINKS、母子（父子）家庭、一人暮らしの高齢者など、核家族以外の家族構成の人たちが増えている。

ADHが設計した住宅は、夫婦と子供二人の核家族のための住宅だが、そこにはかつてのnLDKという発想はすでになく、主婦が家事をするための合理的なプランのようなものもない。建主の夫婦は、ともにプロフェッショナルな職業に就いているため、家族が全員揃うことは少ないという。そこで、家事労働の徹底した合理化がはかられたプランになっている。オープンキッチンになっているのは、家族全員で調理や後片付けができるようにするためである。また、二階の日当たりがいい南側のスペースを洗濯干し場にしている。この洗濯干し場はワードローブを兼ねているので、洗濯が乾いても取り込む必要

図7 「NT」(1999年竣工)。上2点は、家族4人の各個室に通じるブリッジ。右下・1階のダイニング・キッチンから見たライブラリー。横一列に家族4人が並んでコミュニケートできる

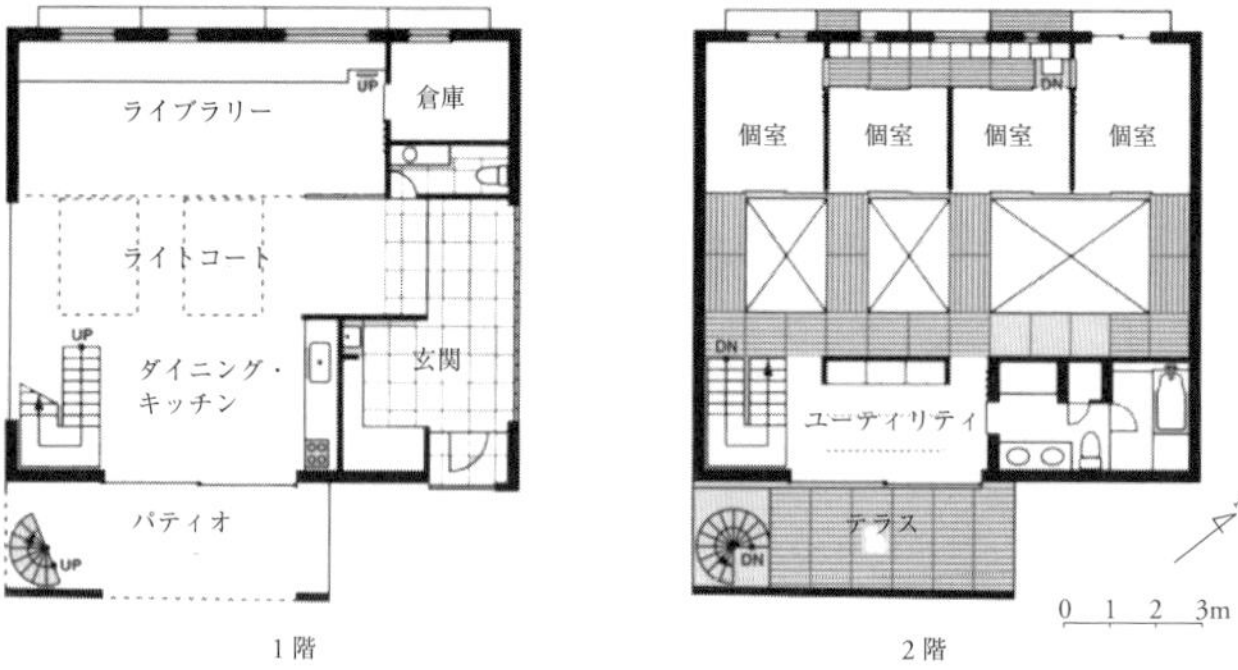

2階の南側のテラスに面した家のなかで最も日が当たるスペースをユーティリティ(洗濯干し場)にして、乾くとそこがワードローブになる。洗濯物を畳んで収納するという手間を省いている

がなく、また畳むという作業を省いている。

一階はキッチンとダイニングと、家族四人の書斎でもあるライブラリー、二階はバスルームとユーティリティ（ワードローブを兼ねた洗濯干し場）と北側には個室が四つ並んでいる。建物の中央が天窓から光を採り入れるライトコートで、吹抜けになっているため、二階の個室にはキャットウォークのような空中廊下からグレーチングのブリッジを渡ってアプローチする。横一列に並んだ個室群を見ていると集合住宅のような印象もある。

ところが、この家は家族とのコミュニケーションが効率良く図れるように工夫されている。夫婦が別々に夜遅くに帰ってきても、一階のライブラリーで勉強している子供たちと横一列に並んで会話することができる。誰も使わない応接間のようなリビングより、つねに家族が自然に集まるライブラリーのほうが有効で、リアリティがある。

夫婦はそれぞれプロフェッショナルな仕事をしている以上、社会的責任がある立場にあり、家庭を優先できない。また、子供たちも成長するに従って忙しくなり、すれ違うことが多くなっていく。家族が共同生活するうえで、家事労働に費やす時間を極端に少なくし、家族一人ひとりの限られた時間を有効に使うため、このようなプランになっていったのだろうが、「51-C 型」といわれる 2DK プランが原型になった公団の nLDK のプランからも脱却している。「NT」のプランには、まさしく現代の家族像が反映されている。

コラム4

戦後の小住宅史

ロンドンのデザイン・ミュージアムで、『チャールズ&レイ・イームズ展』をたまたま見たときに、原寸大に引き延ばされた「イームズ邸」(一九四九)の写真にハッとした記憶がある。その空間があまりにも日本的だったからだ。紙と木ではなかったが、ガラスと鉄の空間は繊細で、細いスチール材とガラスで構成され、それがまるで障子のように見えた。イサム・ノグチの提灯が、イームズ邸の空間の一部になっていた。

そして、今年ケーススタディハウス(CSH)を見ようと思い、「イームズ邸」を訪ねた。ロサンゼルスの気候のせいか、カラッとした空気のなかで見た「イームズ邸」は、ロンドンの展覧会場に展示されていた写真で見たときよりも日本的な印象はなかった。

しかし、日本に戻り、資料を見ていて謎が解けた。CSHは、『アーツ&アーキテクチュア』誌で同誌のジョン・エンテンザ編集長が企画した提案住宅で、そのエンテンザが、日本建築の柱張り構造の代表ともいえる桂離宮を理想として、若手建築家に設計を依頼していたからだ。一九四五年から一九六二年までに三六戸の住宅とアパートが提案され、うち二四戸が実際に建てられた。当時の建築家たちは、軍需産業から生まれた航空機製造の新しい工業技術、新素材、生産システムを住宅の生産に応用できないかと考えた。イームズやサーリネン、エルウッド、コーニング、ノイトラといった建築家たちにとって、彼らが設計したCSHは、それぞれの解答であった。CSHは夢を形にした理想の住宅であり。ミッドセンチュリーの象徴でもあるのだ。

フレキシブルな伝統空間の再発見

そして、日本のミッドセンチュリーの建築が気になりだした。しかし、軍需景気に沸くアメリカとは対照的に、日本は食べるモノもなく、住宅どころではなかった。焼け跡の何もない、ウサギ小屋の原形ともいえる、バラックから出発した。

当時豊かなアメリカのライフスタイルに憧れ、住宅の洋風化が進むなかで、日本の伝統的な住宅が持っていた一室空間のフレキシビリティに着目して、現代建築のボキャブラリーで表現した建築家がいた。

清家清は日本の戦後住宅を語るときに必ず登場する建築家だが、清家の自邸、通称「私の家」(一九五四)を写真で見たとき、「イームズ邸」と同じような驚きがあった。それは逆に日本的という印象ではなく、もっとそれを超越した「新鮮さ」だった(その新鮮さがどこから来るものなのか、しばらくわからなかった)。民家や蔵の一室空間というよりももっと軽い、倉庫やコンテナのような、がらんどうの空間がそれを感じさせた。そして壁で閉じずに全面開放できる南面の開口部。「イームズ邸」のハイセンスな作り付け家具も素晴らしいが、「私の家」の空中に浮いたように見せる家具を間仕切りにするなど、連続した空間のなかに機能を持った場がある構成が、現在の細かくしきった住宅を見慣れた眼には新鮮に映った。

戦後住宅というと必ず取り上げられるのが、池辺陽の「立体最小限住居No.3」(一九五〇)と増沢洵の自邸「増沢邸」(一九五二)で、「増沢邸」も延床面積が一五坪しかなく、最小限住宅の部類に入るだろう。戦後の物資不足という状況のなかで、木材しか使用できるものがなく、住宅金融公庫の融資対象の住宅の延床面積が一五坪という、当時の規制のなかで小住宅の設計に多くの建築家が取り組んだ。住宅ではないが、吉村順三の「軽井沢の山荘」(一九六二)も最小限の発想で設計されている。

最小限住宅から都市住宅へ

最小限住宅には日本だけではなく、ル・コルビュジエの「カップマルタンの休暇小屋」（一九五二）など、五坪にも満たない極端に狭いものもある。ロンドンの郊外の住宅地を訪れたとき、一軒一軒の家が意外に小さいのに驚いた。絵本の『ちいさいおうち』（絵・文：バージニア・リー・バートン）に出てくるようなかわいらしい家ばかりだった。日本だけでないのである。

そして、一九六〇年代に入るとコンクリート打放しの小住宅が登場してくる。その代表が東孝光の「塔の家」（一九六六）で、「都市住宅」宣言をした砦のような垂直住宅である。都市ゲリラ住居として、都市住宅の原形を提案したのが安藤忠雄の「住吉の長屋」（一九七六）だ。

また、池辺の「立体最小限住居 No.3」や広瀬鎌二の「SH-1」（一九五三）は、工業化住宅のプロトタイプでもある。日本の建築家が提案してきた住宅は、日本の CSH といえるだろう。アメリカの CSH の理想が桂離宮であったというのは皮肉だが、日本の CSH の手法は、現代の若手建築家にも確実に引き継がれている。

（一九九九年一二月）

第6章　なぜ、デザイナーズマンションはヒットしたのか

行列ができる集合住宅

建築家の谷内田章夫が、二〇〇〇（平成一二）年当時設計する集合住宅は一四軒あったが、入居希望者が多く、ウェイティングリストは三〇〇人以上といわれていた。

それは、一九九七年の「ALTO B《オルト・ビー》」図1という、港区海岸の海を望む倉庫街に建てられた集合住宅が、デザイナーズマンション・ブームの火付け役になったと思われる。JR山手線の田町駅から徒歩一七分、周辺にはコンビニがあるくらいで、住むための環境として考えると買い物も通勤もけっしていい環境とはいえない場所である。建物の脇を高速道路が通り、海側の上層階は眺望があるが、高速道路側や下層階では眺望がなく、騒音も多少ある。どうして、こんな環境に建つ集合住宅に行列ができるのか、それはあらゆる意味で常識破りだったからだ。

その当時、賃貸の集合住宅で一〇〇㎡を超える物件はほとんどなく、また天井高が五mというスタジオのような空間を持つとなると、皆無だったのではないだろうか。入居者を調べてみると、ほとんどがクリエイターで、写真家、建築家、アーティスト、ミュージシャンといった人たちだった。かつては、賃貸物件において最大の売りは立地条件だったが、それが見事に裏切られ、コンクリート打放しの大空間が人を惹きつけ、そういった物件を待ち望んでいた人が真っ先に押し寄せたような感じだった。その後も、港区海岸には「ALTO B」を真似たような建物がいくつかつくられた。

しかし、最初にあの場所に集合住宅を建てた不動産会社は勇気があったと思う。さすがに、住宅地ではない港区海岸の倉庫街でのアパート経営は前例がなく、銀行の融資の対象にはならなかったようだ。銀行からの融資も受けられないまま着工し、実現させた不動産会社の英断には感服する。だが、それと谷内田の設計によるところが大きい。谷内田は容積率を使い切るために、リビングを二層にし、寝室やキッチン、浴室などは一層のままにして隣り合う二住戸を一層分ずつずらして重ねた結果、あのような容積（気体）を得ることを可能にしている。nLDK の空間に体が慣れ親しんだものにとって、この空間は新鮮に感じたのではないだろうか。

「建築家 谷内田章夫の部屋を三〇〇人が待っています」という記事を筆者が『カーサ・ブルータス』（二〇〇〇年一一月号）で書き、谷内田が設計した集合住宅を紹介した。実は、この時期すでにデザイナーズマンション・ブームになっていた。このデザイナーズマンション・ブームの火付け役は、『ブルータス』で、「有名建築家が作った集合住宅情報」（一九九六年一一月一日号）という特集だった。この特集は翌年の一一月一五日号でも組まれ、そこで筆者もライターとして参加し、一九九八年一月一五日・二月一日（合併）号から「ブルータス不動産」という、筆者が担当した連載がスタートする。

そのときに、建築家の設計した集合住宅を「デザイナーズ物件」という言い方をしていたが、「デザイナーズマンション」とはいっていなかった。それは、「マンション」という言葉が好きでなかったからだ。「マンション」は日本では中高層の集合住宅を指すが、原義は豪華な「大邸宅」や「館」を意味する言葉で、日本の住まいが貧相な印象があったことから、少しでも高級感を植えつけるためにあえて集合住宅に「マンション」といった言葉を使ったと思うのだが、それが海外から見ると、余計に貧相な

図1 「ALTO B（オルト・ビー）」（1997年竣工）。各住戸は99.40~115.15㎡と広く、ほとんどのリビングは2層分吹抜けになっている。海側の住棟からはレインボーブリッジが望める

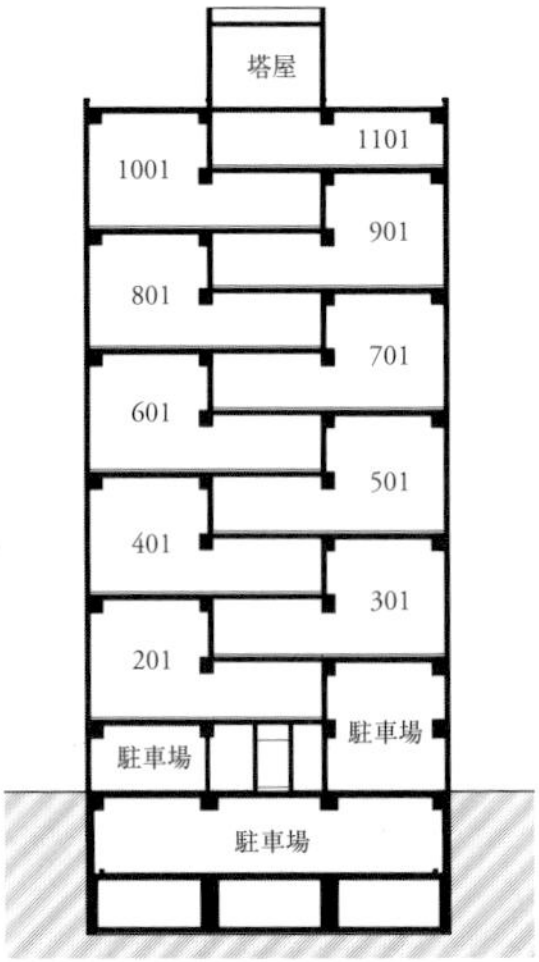

ファサードの左右が1層分ずつずれているのは、容積率を使いきるための工夫でキッチンや浴室、寝室になった中央の1層分の空間を（右の断面図のように）互い違いに組み込んでいるからだ

印象を与え、ウサギ小屋といったイメージを増幅させたのではないだろうか。

そういったことから、「建築家による賃貸物件」という意味で「デザイナーズ物件」という言葉を使っていたが、それがやがて一人歩きをして、いつしか「デザイナーズマンション」という言葉になり、一九九九（平成一一）年がその「デザイナーズマンション・ブーム」のピークで、テレビ・ラジオ・新聞がこぞって取り上げた。だが、その当時、巷の不動産屋でそういった物件を取り扱うことはなく、単身者向けの物件を探すと六畳一間でキッチン・トイレ付きといった下宿に毛の生えたようなものしかなかった。

しかし、「ブルータス不動産」の連載が終了した二〇〇四年になると、周囲の不動産屋を覗くと、「デザイナーズマンション有ります」という紙がガラスに貼られていた。ファッションブランドで身を包んでいる人たちのトレンドを理解したのか、保守的で戦前から変わろうとしない賃貸を扱う不動産屋もようやく重い腰を上げ、貸す側の論理で建てられた集合住宅から、借りる側の視点で設計された集合住宅へ移っていったように思える。

そして、もうひとついえることは、賃貸の集合住宅に暮らす若い単身者やカップルは、コンクリート打放しの部屋や、二層吹抜けになった空間、メゾネットなどのちょっと変わった環境に住みたいと思っている。それは、定住や永住ということにこだわらず、若い時期にある期間限定で一度そういう空間体験をしてみたいと思っている人が意外に多いということが、「ブルータス不動産」の取材でわかった。その取材では実際に暮らしている人（一〇二件）に話を聞いた。そういった物件を好まれる人は、建築好き、デザイン好きが多いのだが、賃貸であればまた住み替えも容易にできるというメリットがあり、なかには有名なデザイナーズ物件をはしごしている人もいた。

そこで実際に体験することが今後の住まい選び、建築家選びにつながっていくように思えた。谷内田物件が、建築家をはじめプロのクリエイターに人気があったのは、がらんとしたロフトのような空間、その開放感が都市生活者には心地よく感じ、それでいて生活するうえでは機能的でありながら細部までデザインされ過ぎていないところにあったようだ。

現在、デザイナーズマンション・ブームは終わり、ある意味で落ち着き、デザインもある程度はスタンダードになり、かつてよりは居住性の高い物件が多少増えたように思える。ただ、これが分譲の集合住宅となると、保守的で一九五一（昭和二六）年の公団の2DKから出発したnLDKの間取りから抜け出せない、3LDKのプランが多い。南北に細長く、南側に二室、中央にLDK、北側に一室と浴室となったプランだ。かつての古民家[図2]に「田の字型プラン」が多く見られたが、一九七〇年に核家族向けにつくられた分譲マンション[図3]のプランも「田の字型プラン」と呼ばれ、今もこのようなプランが多いのではないだろうか。

デザイナーズマンションの功罪はあるが、賃貸の集合住宅は単身者向けだとデザイナーズマンション以前は玄関脇にビジネスホテルのような三点セット（トイレ・洗面器・浴槽）になったユニットバスがある六〜八畳のワンルームしかないとあきらめていた。照明や収納もなく、照明器具や家具などを持ち込まなければいけないと思っていたが、可動式家具やドラム式洗濯機などが備わった、生活者の視点で

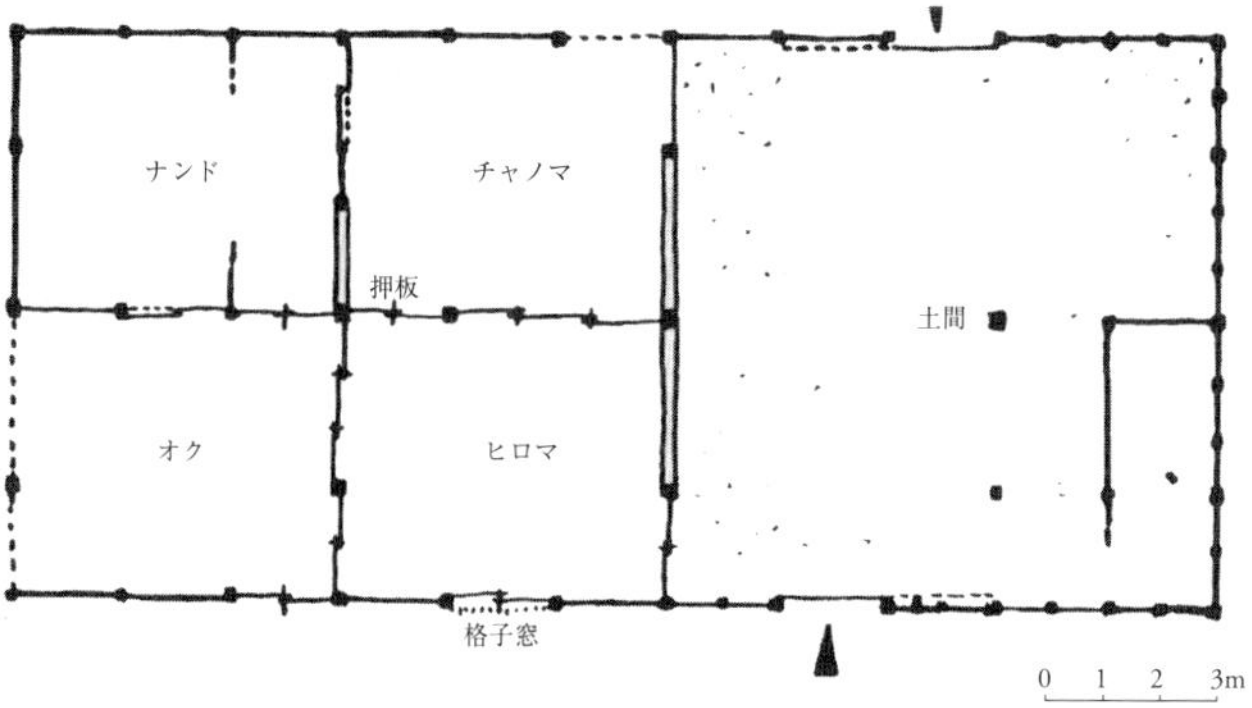

図2　神奈川県横浜市の関家の古式四間取り。17 世紀初頭に建てられた民家で、「田の字型」の間取りの原型と思われる。東北地方などには、「馬屋」が土間を挟むように配置された「曲がり屋」と呼ばれる民家が多く見られた。『日本列島民家史』宮澤智士

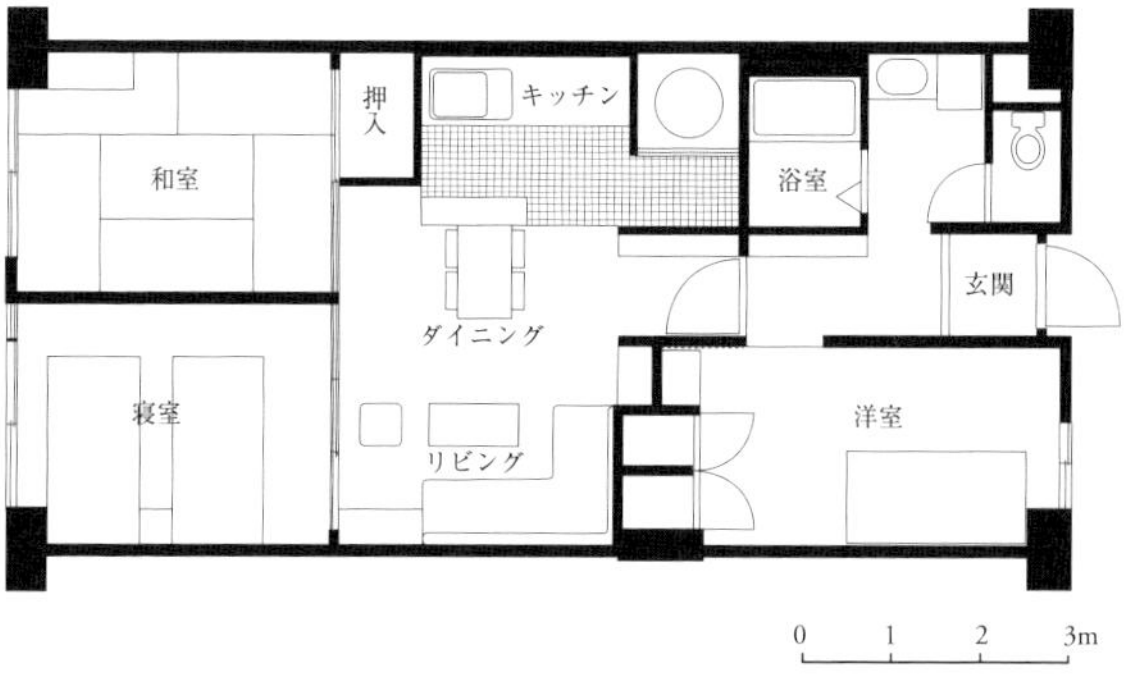

図3　長谷川工務店が開発した標準設計システム「コンパス」の 3LDK の間取り。LDK を中央ではなく、ベランダ側に配置した間取りもあるが、このような間取りをマンションの「田の字型プラン」と呼ぶ。1974 年竣工。18.6 坪。『日本人とすまい 6　間取り MADORI』

設計された住み心地のいい物件が登場してきた。これは、デザイナーズマンションは一般の物件と差別化する意味で、デザインに力を入れた物件であることは間違いないが、そのため通常の物件よりも一、二割高くなっている物件もあった。しかし、少しでもデザイン性や居住性が向上したことはよかったように思える。

デザイナーズマンションの登場で建築家の顔が見えはじめた

デザイナーズマンション・ブームは一九九〇年代後半から二〇〇〇年前半だったが、ではそれ以前は有名建築家が設計した集合住宅がなかったのかといわれると、実はいくつもあった。たとえば、前川國男の「晴海高層アパート」(一九五八)や槇文彦の「代官山ヒルサイドテラス」(一九六九〜九二)、安藤忠雄の「六甲の集合住宅Ⅰ・Ⅱ」(一九八三、九三)など、建築界では話題になったが、デザイナーズマンション・ブーム以前はそういった集合住宅が雑誌や新聞、テレビなどで紹介されても一般的な話題になることはなかった。

ファッションでは、一九八〇年代にDCブランドが社会的なブームとなった。DCとは、デザイナーズ&キャラクターズの略。一九七〇年代後半に生まれた和製ファッション用語で、現在のファッション業界では、この言葉は使われなくなったが、デザイナーの名前を出したデザイナーズブランドと、企業の性格やブランド名を反映させたキャラクターブランドを合わせた商品の総称だった。そして、デザイナーズブランドの登場で、服をデザインしている人たちの顔が見えるようになってきた。たとえば、「イッセイミヤケ」の三宅一生や「ワイズ」の山本耀司、「コムデギャルソン」の川久保玲などである。

食においては、無農薬野菜などが注目されはじめると、実際に米や野菜をつくっている人たちの名前や顔がパッケージに印刷されたものが登場した。そして、『料理の鉄人』のような料理の腕を競うテレビ番組が九〇年代に多くつくられ、「食」もエンターテインメントとなることを示した。

だが、住においては、そのような番組が登場するのは、デザイナーズマンション・ブーム以降で、『大改造!! 劇的ビフォーアフター』(二〇〇二年四月～)や『完成! ドリームハウス』(二〇〇三年四月～)など、「住」をテーマにしたテレビ番組が登場してきた。前者の番組では「匠《たくみ》」と呼ばれる建築家が登場するが、建築家は自分で図面を描く(またはスタッフに指示して図面を描かせたり、模型をつくらせたりする)が、建築家自ら現場で施工することはない。ところが、番組では建築家が『料理の鉄人』のように現場で腕をふるい(職人の)「匠」になって家づくりをするシーンがあったりするが、納得できない。しかし、依頼人の夢をかなえるために、いくつも問題がありながらもそれらを乗り越え、最後は感激する依頼人の顔を見て、視聴者も依頼人の視点で感動を味わうということでは、「住」も「食(グルメ)」や「衣(ファッション)」のようにエンターテインメントにようやく成り得たのではないだろうか。

デザイナーズマンション・ブームによって、建築においても、ファッションのようにデザイナー(設計者)の顔が見えるようになったことが大きいように思う。それは、ファッションやグルメほどではないが、建築やインテリアに対する一般の人の関心が高まり、有名建築家が設計した集合住宅に賃貸であれば暮らせることがわかり、人気建築家が設計した集合住宅へ（そういう物件を求めていた人たちが）一九九〇年代末に殺到し、「行列ができる集合住宅」として話題になった。

衣食住のなかで最後にきた〝住まいブーム〟

落語家の古今亭志ん生が書いた『びんぼう自慢』という本がある。日本の男たちのあいだではどういうわけか、三、四人集まって話しをすると「貧乏自慢」や「病気自慢」がはじまる。自分を誰よりも低く、悪く見せることを競い合うのだが、そうすることで笑いが生まれ、相手に優越感を与えることでお互いに親密な関係を保てるからだろう。自分が住んでいる家を安普請《やすぶしん》といったり、志ん生などは売れなかった極貧時代に住んでいた住まいを「なめくじ長屋」といったりして、その貧乏ぶりを自慢していた。

そして、戦後のモノがない時代、アメリカのモノが有り余っている様子を横目に見ながら、いつかは自分たちもと思いつつ、男が〝着るもの（衣）〟や〝食べるもの（食）〟や〝住むところ（住）〟などにこだわったりするのは女々《めめ》しいということなのか（戦前の「欲しがりません、勝つまでは」という標語が刷り込まれているのか）、世間体を多少気にしながらも男たちは自分が住む処などにこだわらず高度経済成長期を走り抜いてきた。そして、その難局を乗り切り、高度経済成長期の終わり頃（一九六〇年代末）には、日本の国民総生産（GNP）は、自由主義国のなかでアメリカについで第二位となっていた。戦後はとくに脇目もふらずに走り抜いた感があるが、明治以降、富国強兵で西欧に追いつけ追い越せでやってきたことを考えると、日本人はずっと走りつづけてきたような気がする。そして、その間なりふり構わず、ほとんどが「紺屋の白袴」状態で、自分たちの生活は後回しにしてきたのではないだろうか。
衣と食は、先に高い水準へと達したが、住だけが取り残された感がある。それは、日本のファッションブランドや日本食が世界から注目されたが、住まいに関しては「ウサギ小屋」と揶揄された。それは、疑似洋風の狭い部屋に、三種の神器（白黒テレビ、洗濯機、冷蔵庫）をはじめ、次から次へと販売された家電や生活用具が所狭しと並んだ煩雑な環境のなかで暮らす日本人が多かったからだ。

このような状況を生んだ元凶は、団地の原型といわれる「51-C型」（35m^2、2LDKという基本プラン）だともいわれている。それが桎梏《しっこく》となり、今日にいたっているという見方も、否定できないように思う。戦後の住宅難を解決するために、都市の郊外につくられた公団のマンモス団地は、同じ間取りの住戸が何千戸という規模でつくられ、居住者がみな同じ環境に暮らし、子供は学校でみんなと同じ給食を食べ、みんな平等に教育を受ける。これが民主主義であり、人間はみな平等で、生活レベルの格差がないような錯覚を覚えたが、実際には格差は存在している。それは、「住」において明らかで、その当時公団に住んでいる人のほうが、生活水準が一般の人たちよりも高い印象があったように感じた。とくに、同潤会アパートは、中産階級向けの集合住宅で、場所によって家賃が異なる（虎ノ門、大塚、上野下などは高かった）が、各世帯の収入によって、その後調整されたとか、単身者向けのほうが家族向けより値上がり率が高かったという記録もある。ただ、同潤会アパートは単身者から家族向けまで、プランバリエーションが豊富で、オープンスペースもゆったりと取られ、効率優先の戦後の公団とは異なり、生活にゆとりが感じられ、豊かだったように思う。

デザイナーズマンションは日本人の生活を変えたのか

ファッションブランドで身をかため、クルマやバイク、家具や家電、テーブルウェアのデザインにこだわっている人は、インテリアや建築にもこだわる。ところが、それまではデザイン性、居住性が高いものを選びたかったが、そのようなものが、デザイナーズマンション・ブーム以前はなかった。

デザイナーズマンション・ブーム以降は、街中の不動産屋でもデザイナーズマンション物件というカテゴリーができていて、デザインという付加価値がプラスされたものがあったが、デザイナーズといっても設計者の名前が不在で、ただ雰囲気としてちょっとお洒落で、高級感がある物件をそう呼んでいただけだった。それでも、以前よりは生活者目線で考えられた物件がいくらか増えてきた。

デザイナーズマンションと呼ばれる物件のなかには木造で、木の感じを活かした物件もあったが、そのほとんどが鉄筋コンクリート造で、俗にいうコンクリート打放しのものが多かった。筆者も、そういった物件を「ブルータス不動産」で紹介してきたので、住み心地を体験するために、東中野にあった物件を借りて住んでみた。実際には事務所として借りたのだが、編集という仕事柄、夜遅くまで事務所にいることが多いことから、だんだんとそこにいる時間が長くなり、平日は東中野、終末は荻窪という生活パターンになってしまった。

建築家の宮脇檀が、「お父さんたちは会社に住んで家に通勤しているのだ」といっていたがまさしくそのパターンになってしまった。コンクリート打放しの空間は居心地がいいかどうか、実際にそこで暮らしてみないとわからないと思い、単身赴任の生活になっていった。関川夏央に倣った「中年シングル生活」も悪くはなかった。

筆者が暮らしたのは、「QUATTRO《クアトロ》」（設計：野口信彦、竣工：二〇〇〇年）という鉄筋コンクリート造の地上六階建て、間口が狭く奥行きが深い敷地に建つ集合住宅だった。そのため、ワンフロアに一戸、住戸面積は約三九㎡のワンルームで奥に水回り（トイレとバスルーム）が備わっていた。九年間ここをSOHOとして、実験的に使ってみた。この建物は外断熱がないので夏暑く、冬寒かったが、結露はなく、床暖房が入ったコルク床は（光熱費を考えなければ）冬は快適だった。SOHO（small office home office）として使う場合、空間を家具などでしきると半分になる。昼もワンルームの空間として広く使うためにオフィス仕様として使っていたが、ワンルームの空間だとどうしても、オフィスからホームへの切り替えができないことが問題だった。

これが二部屋、もしくはメゾネットのように空間で一旦切れていれば切り替えができるが、それにはやはり五〇㎡が必要になるが、四〇㎡以下だとワンルームとして使うほうが、その広さをつねに感じられ、がらんとした倉庫のような空間のまま使うほうが心地よかった。

「ブルータス不動産」の連載は、一二二回（一九九八年一月一五日・二月一日号～二〇〇三年五月一日号）続いた。一二二戸の住まいは入居前の竣工時のときもあったが、そのほとんどは実際に暮らしている状態を取材させてもらった。賃貸住宅においては、設計した建築家本人も入居者の住まいを見る機会がなく、建築家にとっても「ブルータス不動産」の取材は、次の集合住宅を設計するうえでモニタリングとして参考になったようだ。

一二二軒のうち、リノベーションと分譲やコーポラティブハウスを除くと、絨毯のような敷き畳はあったが、畳敷きの和室がひとつもなかった。かつての単身者向けの物件だと、畳敷きしかなかったが、現在はフローリングが主流になっている。では、そこに暮らす人たちは、床坐から椅子式の椅子坐に移行していたのだろうか。

筆者はライターとして、「ブルータス不動産」の連載とその後の「建築家の集合住宅最新情報」（『タイトル』二〇〇三年一〇月号～二〇〇七年八月号）などあわせて二〇〇件以上の集合住宅を取材してきた。『タイトル』での取材は、ほとんどが入居前の物件を取材しているので、あまり調査対象にはならないが、「ブルータス不動産」で取材した一二二件のうち、入居前の物件（二〇件）を調査対象からはずした、一〇二件で統計を取ってみると、椅子坐（椅子式のみの生活スタイル）六九件、床坐（床坐だけでなく、椅子坐と床坐の和洋折衷の生活スタイルも含める）三五件で、二対一の割合だった。そして、わかったことは、住戸面積が三〇㎡を切ると、ほとんどの入居者が床坐と椅子坐の折衷の生活スタイルになっていた。狭い空間に椅子やソファを持ち込むよりは、床に坐ったほうが経済的でなおかつ生活する居住者の視点が下がり、天井が高く感じられ、狭い空間を有効に使えるからだ。また、和室と同じように多目的空間となり、昼はリビング・ダイニングで夜は寝室になる。外国人でも、日本で暮らしているので日本の生活スタイルを体験したいということから、床坐での生活を楽しんでいる人もいた。

前述したように、取材した一二二件で、（分譲やリノベーションの物件には畳敷きの部屋はあったが）賃貸においては畳敷きの部屋（和室）はひとつもなかった。ただ、畳を敷いた（一畳ほど）小上がり（縁台）があった。あとは居住者が床坐にこだわっている人はカーペット状の畳を敷いていた。二〇〇三（平成一五）年以降になると、住戸面積が七〇㎡以上で、賃料も三〇万円を超える物件も登場してきた。

デザイナーズマンションも一〇年を経過すると、建築系大学の研究対象になる。一四二・一四三頁の「デザイナーズ集合住宅のデータ・マップ」図4・図5・図6・図7は、一九九六（平成八）年から二〇〇五（平成一七）年の各雑誌に掲載された約二五〇件（うち「ブルータス不動産」の一二二件含む）のデータをもとに作成されたものである。

ところが、二〇〇八年のリーマン・ショック以降は、状況が一変した。建築家が設計したデザイナーズマンション物件で、住戸面積が一〇㎡を切り、都心にあってトイレ・シャワー付きで、ドラム式の洗濯機も備わっていて、賃料も一〇万円を切る物件も登場してきた。ただ、その空間を体験するとシャワールームはガラス張りでいいのだが、玄関ドアを開けるとすぐ横に便器がむきだしのまま設置されていた。部屋全体がユーティリティを兼ねたバスルームで、水回りのなかで生活している感じがあった。

また、デザイナーズマンションではなく、従来からある木賃アパートで四畳半や六畳の一間に、小さ

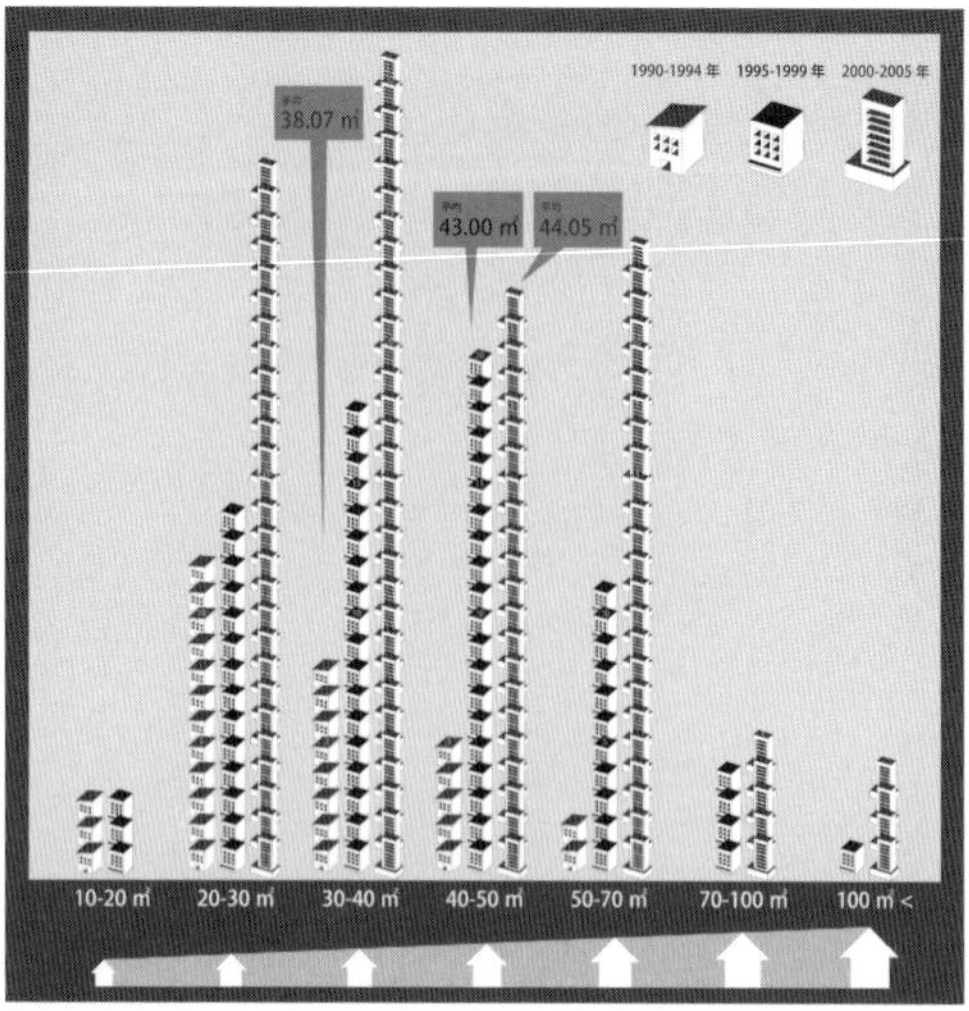

図 4　竣工個数と住戸面積。上のデータ・マップからもわかるように、30 ～ 40㎡（とくに、2000 ～ 2005 年が）多く、(図 7 から）居住者は単身者が全体の 35% と多い

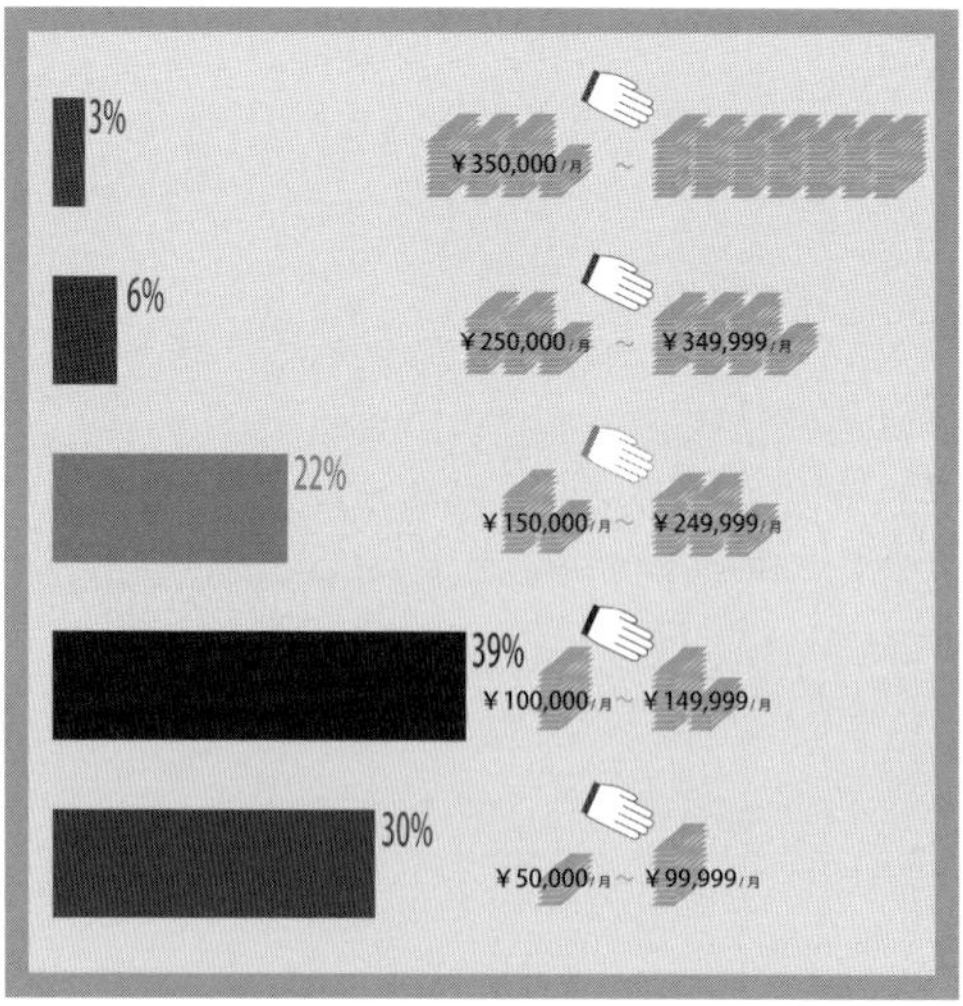

図 5　賃料の価格帯。10 万円から 15 万円未満が 39% と一番多い、上の図 4 とリンクさせると 30 ～ 40㎡の価格体であり、1 人ないし 2 人という居住形態。年齢は図 6 から 30 代が多い

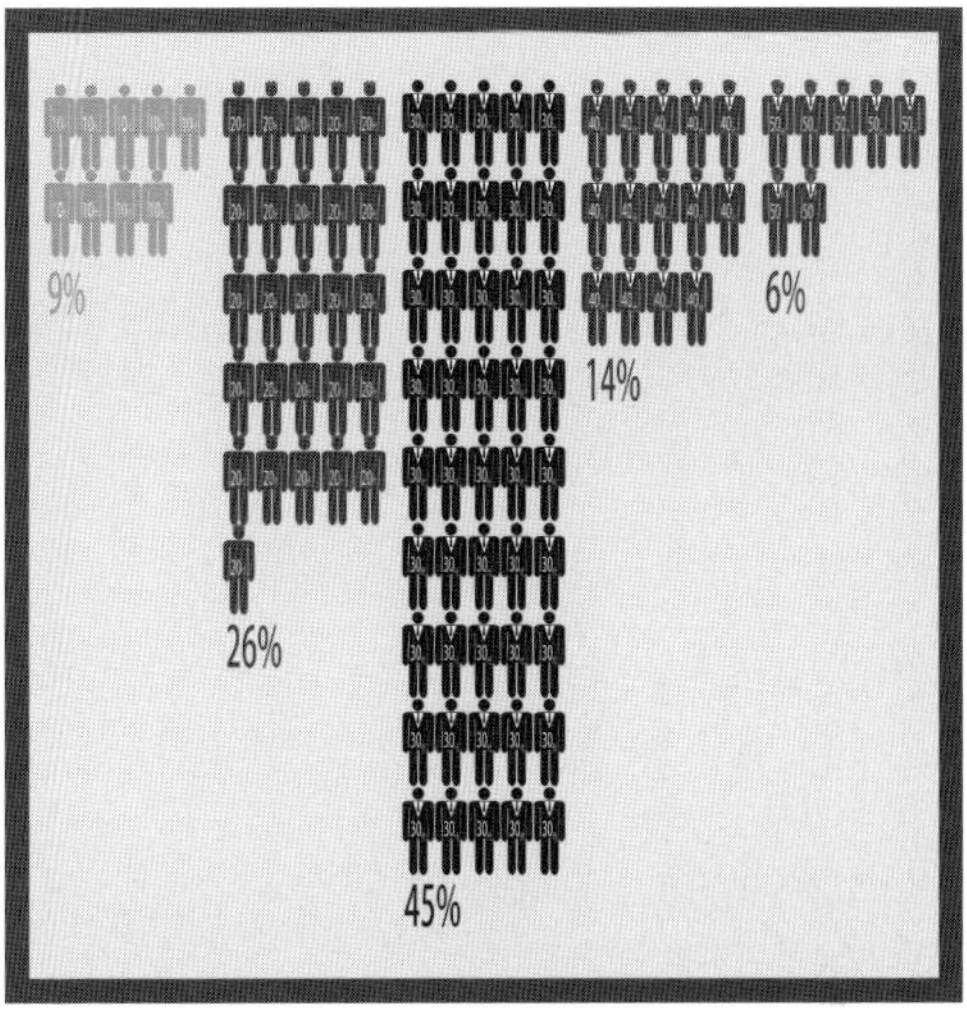

図6　左から10代、20代、30代、40代、50代と、上の図からもわかるように30代の単身者ないしは、2人（夫婦、カップル）が最も多い

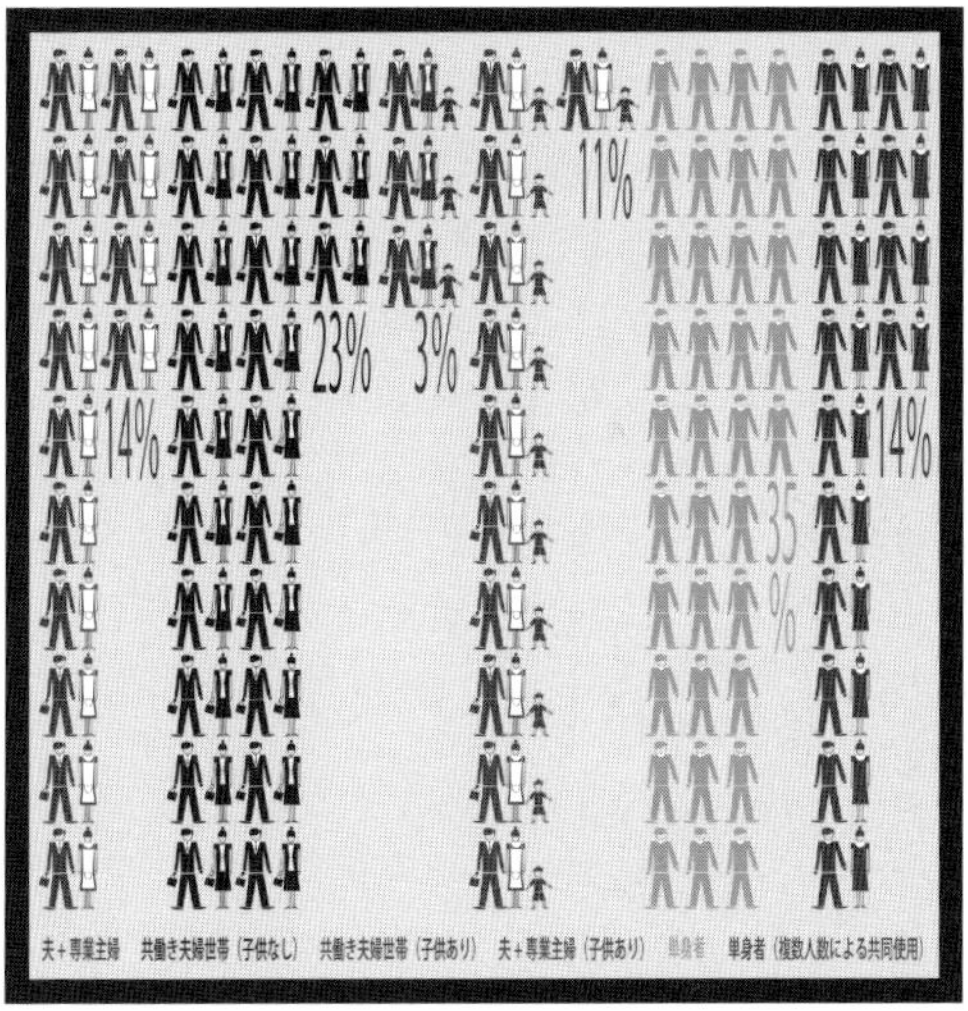

図7　デザイナーズマンションの居住者は35%と単身者が多く、次に23%とDINKS（子供なしの共働き夫婦）が多く、子供がいる共働き夫婦は住み替えで移転するため3%と低い

な流しとコンロはあるが、トイレは共用、ただし五万円以下といった物件も、不況のあおりで再登場してきた。なかには、杉並区の住宅街に建つ一軒家の一〇畳の和室に、二畳分の広さの二段ベッドが三つ据えてあるシェアハウスまで登場してきた。ちなみに、一人の専有面積は二畳分だが天井高は半層分（約一m）しかなく、家賃は三万六〇〇〇円（朝日新聞、二〇一〇年二月六日付）という物件もあった。

外国人向けの高級物件（ホーマットなど）では、住戸面積が二〇〇㎡を超え、賃料も一〇〇万円を超えるものがある。先ほどのデザイナーズマンションで一〇〇㎡以上、三〇万円を超える物件と、シェアハウスで畳二畳の三・三㎡（一坪）の三万六〇〇〇円の物件からもわかるように、日本も確実に格差社会になっている。

日本人の生活スタイルは、デザイナーズマンション・ブーム以降、本当に変わったのか。

この問いに答えることは難しいが、一九八六（昭和六一）年から一九九一（平成三）年までのバブル景気で踊らされ、それまでの生活があまりにも地に足が着いていなかったので、バブル崩壊後はその反動で、（バランスを取るためなのか）モダンデザインや日本の伝統的なスタイル、シンプルライフへと回帰していく現象が見られた。多くの人が装飾的なものを排し、シンプリシティを求め、アメリカのシェーカー教団の家具や建築、電気や化石エネルギーを使わずに一八世紀の生活を現在も続けている、アーミッシュの暮らしなどが日本でも紹介された。

これは筆者の考察だが、多くの人が（大量消費していた）バブリーな生活から抜け出し、普通の生活を取り戻そうとしたためかと思われる。そして、日本人はどのような暮らし方をしてきたのか、もう一度復習してみようということで、前述した「日本人とすまい」シリーズの企画展が一九九五（平成七）年から新宿のリビングセンターOZONEで開催された。

モダンデザインとジャパニーズデザインが結びついた、ジャパニーズ・モダンのようなスタイルのインテリアが多く登場するのも一九九〇年代後半であった。一度、和を卒業した人たちが、高級旅館などで和室のよさを再認識したのか、炬燵《こたつ》や布団《ふとん》も見直され、ソファが置かれた洋室のサイドテーブルを炬燵に替え、和洋折衷の生活スタイルに戻ったという報告を聞き、また若い女性のあいだでは卓袱台《ちゃぶだい》が静かなブームになっているという話も聞こえてきた。

和と洋の二重生活は明治から現代にいたってもつづいているが、かつては和と中（中国）、和と韓（韓国）だったりしたときもあったと思うが、現代においてはやはり、いまだに日本人が「欧米まがいの生活をしている」と「欧米か？」と、お笑いでも突っ込まれるように、何ら一昔前（昭和の頃）と変わっていないのではないだろうか。逆に、和と洋のバランスを取るためにその間を往ったり来たりしている。デザインが集合住宅において、スタンダードという基準をつくるかと思いきや、バブル崩壊、またリーマン・ショックなどの経済不況になると、たちまち江戸の長屋のような生活に戻るような気配も感じられた。

注1（コラム5／一四八頁）　ドコモモ　DOCOMOMOは、International Working Party for Documentation and Conservation of buildings, sites and neighborhoods of the Modern Movementの略。一九八八年に設立された近代建築の記録と保存を目的とする国際学術組織。パリの本部（DOCOMOMO International）と四〇カ国以上に設けられた支部からなる。二〇一三年一月現在、日本におけるドコモモは一五〇選となっている。

コラム5

ヴィンテージマンションの時代へ

名作集合住宅《ヴィンテージマンション》に住んでみたいと思っている人は少なくないのではないだろうか。

これまでは、日本の場合は建築の寿命が短く、安全性を理由に取り壊されていることが多かった。だが、最近は古いオフィスビルをコンバージョンしてマンションにしているケースや、築二〇年、三〇年のマンションをリノベーションしているケースが増えている。ヨーロッパの都市では街並みを守るために、既存の建物を壊して新しい建物を建てることが基本的にできない。だから、外観はいじらないで内部だけをモダンなインテリアにしているケースが多い。そのコントラストが楽しく、また伝統と現代という、その時間的なズレによってお互いのよさが引き出されているようにも感じる。

同潤会アパートは被災者の仮設住宅ではなく、恒久的な集合住宅

日本でそのような使い方をしていた集合住宅で思いつくのが、「青山アパート」だった。これは同潤会アパートのひとつで、関東大震災後に建てられた。震災による火災の被害が大きかったことから、鉄筋コンクリートが採用された。同潤会は一九二四（大正一三）年に内務省によって設立された財団法人。そして、同潤会は一九二六〜三六年の一八年間に一六カ所、総戸数二八〇〇戸の集合住宅を建設した。だが、罹災した世帯は

六九万世帯を越え、被害を受けた建物も二二万棟以上にのぼったという数字から判断するとわかるように、数としては少なすぎるように思える。

同潤会アパートは被災者の仮設住宅ではなく、恒久的な集合住宅の提案だった。緑豊かな中庭があり、またさまざまな家族形態に合わせ多種多様なプランバリエーションがあった。「青山アパート」などには、当時流行の最先端をいっていた「モボ・モガ」（モダンボーイ、モダンガールの略）が集まったのではないだろうか。だが、中流およびそれ以下を対象にしてつくられたものだという。では、同潤会アパートは誰が設計したのだろうか。

『昭和住宅物語』（藤森照信、新建築社）には「同潤会の設計スタッフを選んだのは、佐野利器の後継ぎにして建築界の都市改造派のエース内田祥三（同潤会理事を務める）で、彼は三菱地所から川元良一をトレードして同潤会建築部長に据え、その下に鷲巣昌、柘植芳男、黒崎英雄を中心スタッフとして送る」とある。スタッフのひとり、柘植は「ジードルンクなんかのドイツの影響が頭のどこかにあったのかもしれないな」と同書のなかで語っている。

そして、戦後はまた住宅難となり、一二坪の最小限住居から再スタートすることになる。集合住宅も一九五一（昭和二六）年に公営住宅の標準設計として考案された「51-C型」（一〇・七坪）がもとになり、公団の2DK（一三坪）へと展開し、それにLが加わり、民間の集合住宅に普及して、2LDKや3LDKといった、七〇㎡前後のものになっていった。南側バルコニー、北側共用廊下、間口が狭く南北に細長いプラン、これが定番になっていく。八〇年代のバブル期には億ションという高級マンションが登場するが、プランはこの定番プランからあまり脱していなかった。

だが、前川國男のように、ル・コルビュジエのDNAを受け継いで、ユニテ・ダビタシオンの流れを感じさせる「晴海高層アパート」（一九五八）を設計した建築家もいた。そして、一九六九年には槇文彦設計の「代官山ヒルサイドテラス」の第一期が完成し、その後二五年をかけて、第六期まで手がける。多くの人が参加して、時間をかけた場所づくりは、その後の代官山という街の規範をつくっていった。

大震災後に進化していった日本の集合住宅

日本の集合住宅の歴史を振り返ってみると、大震災後に進化していったことがわかる。関東大震災後の同潤会アパートメントは先に記したが、まだ記憶に新しい阪神淡路大震災以降、建築条例が変わり、耐震構造や免震構造の研究が進み、より進化した集合住宅が誕生している。

今のデザイナーズマンション・ブームのきっかけになったのは、早川邦彦が設計した一九八五（昭和六〇）年の「アトリウム」だろう。トレンディドラマの舞台にもなった。だが、それを決定的なものにしたのが、一九九七年の谷内田章夫設計の「ALTO B《オルト・ビー》」だ。一〇〇㎡、天井高五ｍというスタジオタイプの住戸は、これまでの「民間の集合住宅は狭くてデザインが悪い」というイメージを大きく変えた。

ヨーロッパのモダニズム建築は、古い街並みのなかにあるから、それが対比されて、よりモダンに見える。今回の取材でうかがった「代官山ヒルサイドテラス」のオーナー住戸は、モダンデザインの新鮮さが失われていなかった。デザインの普遍性をあらためて感じた。何を以《もっ》て名作集合住宅というかは難しいが、これからはデザインという付加価値に加え、時間によって熟成されたものの価値が重要になってくるだろう。マルセイユの「ユニテ・ダビタシオン」の住民は、誇りを持って住んでいる人が多い。[注1（二四五頁）]ドコモモに選ばれたものはたしかに名作集合住宅だが、それ以前に住み手とオーナーと建築家が愛情をもち、長い時間をかけて育てている集合住宅は間違いなくヴィンテージマンションではないだろうか。

（二〇〇五年一〇月）

第7章　明治時代以降、生活スタイルは変わったのか

断髪令と洋服の普及

丁髷《ちょんまげ》を初めて見た外国人は驚いたと思う。

武士は腰に刀を二本差し、頭の上に鉄砲を載せていると思ったのではないだろうか。黒船来航で、時代は大きく変わった。

一七世紀半ば以来、江戸（徳川）幕府の支配下で鎖国をつづけてきた日本も、一九世紀中頃、世界情勢の変化に応じて開国せざるを得なくなった。一八五三（嘉永六）年にペリーが黒船で来航して開国を要求すると、翌年日米和親条約、五八年には日本修好通商条約を結んで開国し、ほぼ同じ内容の条約をオランダ、ロシア、イギリス、フランスとも結んだ。倒幕運動が高まり、当時すでに衰退していた江戸幕府はいっそう動揺し、ついに大政奉還をおこない一八六八年明治政府が成立した。いわゆる明治維新である。しかし、「廃藩置県」「四民平等」「地租改正」「斬髪・廃刀を許す」「貨幣制度の改革」など、社会制度だけでなく価値観も大きく変わったが、二百六十数年つづいた、江戸幕府下での封建制度を解体するのは容易ではなかった。

こういった文明開化の風潮は、人々の生活面でもいろいろな変化をもたらした。丁髷を切って散切《ざんぎ》り頭になったり（月代《さかやき》をそらないで、後ろへなでつけ、髪を襟元で切った髪型）、洋服を着たり、靴を履いたり、牛や豚の肉を食べたりする習慣が広まった。また、旧暦（太陰太陽歴）の一八七二（明治五）年一二月三日が太陽暦の一八七三（明治六年）年一月一日とあらためられ、以後太陽暦が用いられるようになる。しかし、今日のようにすぐに情報が行きわたる時代ではなかったため、このような西洋の風俗・習慣が広まったのは、都市や開港場などで、地方の農村ではあいかわらず旧暦によって年中行事がおこなわれ、江戸時代の生活習慣がつづいていた。

西欧的な価値観がもてはやされる文明開化の風潮のなかで、日本の伝統的文化や生活様式が退けられる傾向があらわれ、由緒ある貴重な文化財が売り払われたり、破壊されたりした。一八六八（明治元）年に神仏分離令が出され、一時全国にわたって廃仏毀釈《はいぶつきしゃく》の嵐が吹き荒れ、神官らの主導で仏像・仏具・経文などが焼かれた。

このような状況を、明治初年に来日したドイツ人医学者のエルヴィン・ベルツは、『ベルツの日記』に次のように書いている。

> 不思議なことに、今の日本人は自分自身の過去については何も知りたくないのだ。それどころか、教養人たちはそれを恥じてさえいる。「いや、なにもかもすべて野蛮でした」、「われわれには歴史はありません。われわれの歴史は今、始まるのです」という日本人さえいる。（中略）日本人たちがこのように自国固有の文化を軽視すれば、かえって外国人の信頼を得ることにはならない。なにより、今の日本に必要なのはまず日本文化の所産のすべての貴重なものを検討し、これを現在と将来の要求に、ことさらゆっくりと慎重に適応させることなのだ。

無条件に西洋の文化を受け入れようとする、日本人の性急な姿勢に対する手厳しい批判が述べられて

図1　1882（明治15）年に来日したフランス人画家ジョルジュ・ビゴーが当時の日本人の二重生活を描いた風刺画。華族の閣下が新年の晩餐会に出向こうとしている様子だが、すでに畳の上で靴を履いている。新体制に反発するかのように、丁髷（ちょんまげ）姿もいる家臣たちは、日本の伝統的習慣にのっとって畳に頭をすりつけ見送っている。画集『正月元旦』（明治23年刊）

いる。ベルツは来日当初、家族宛の手紙に、「日本国民は一〇年にもならぬ前までは封建制度や教会、僧院、同業組合などの組織をもつわれわれの中世騎士時代の文化状態だったのが、一気にわれわれヨーロッパの文化発展に要した五〇〇年あまりの期間を飛び越えて、一九世紀の全ての成果を即座に、自分のものにしようとしている」とも書いている。鎖国によって西欧社会から取り残されてしまったという劣等感や焦燥感からくるものであろうが、その背景にあるキリスト教文化も同時に取り入れている。

そして、太平洋戦争（第二次大戦）で敗戦国となった日本は、また同じようにアメリカの文化を無条件に受け入れた。

固有の文化的伝統や歴史を軽視し、古いものをすべて野蛮だと考える発想は発展途上国にある。日本人の西欧かぶれの様子（図1）を、フランス人のジョルジュ・ビゴーは風刺している。その風刺画には、「華族の閣下がタキシードを着て畳の上で靴を履いている。だが、新体制に反発するかのような丁髷姿の家臣たちがいて、日本の伝統的習慣にのっとって畳に額をすりつけている」様子が描かれている。これは日本人の二重生活の始まりも意味しているが、それは（西欧的なものへの憧れも含め）現代においてもなおつづいている。

日本史には、一八五三（嘉永六）年ペリー（黒船）来航、一八五七（安政三）年ハリス、土足のまま江戸城登城とある。日本人にとって黒船は脅威だったが、それ以上にハリスが土足で畳の上を歩いたことも衝撃的な事件だったのではないだろうか。それによって二百六十数年つづいた江戸幕府は終わりを告げ、鎖国が解かれたことを示唆したように思える。

今日までつづく二重生活

北沢楽天が、「日本人の二重生活」[図2]を描いた風刺画がある。大正初期には、服装、はきもの、坐り方、礼儀作法など、和洋二つの方式があることを風刺した漫画で、中央には「花嫁は小笠原流、花婿はヨーロッパ流」「結婚式は大神宮で古代式、結婚披露宴はホテルで西洋式」。右下の絵には「建築は純日本造りで主人の服装と椅子テーブルだけが西洋風では訪問の客は和洋何れかの礼式を執って善いか迷うのも無理はなし」とコメントがある。

しかし、こういった混乱は今もつづいている。冠婚葬祭での礼式が、場所によって異なるなど、茶道などの経験もなく、畳がない間取りに育ったものにとって、逆に今は和の礼式がわからず戸惑うことがある。

昭和三〇年代は、まだ着物を着る人は多く見られた。会社から帰宅した夫は、自宅でくつろぐときは着物に着替え、近所に用事がある場合などは着物姿で下駄を履いて出かけた。夏は暑いので、ステテコ姿になり縁側や縁台でくつろぐ姿も見かけられた。その様子は、昭和二、三〇年代を背景にした『サザエさん』に描かれている。サザエの父・磯野波平はまさにその時代の人で、家では着物を着て生活していた。床坐の生活で、カツオとワカメの部屋も畳敷きの和室だが、そこに勉強机と椅子を置き、子供たちだけが椅子式で和洋折衷の生活だった。

図２　北沢楽天が描いた「日本人の二重生活」。大正初期の日本には、すでに服装、履物、坐り方、礼儀作法など、和洋二つの方式があることを風刺している。右下の洋服姿の紳士は、和室に絨毯が敷かれ、テーブルと椅子が置かれた部屋でスリッパを履いている。床坐での伝統的な挨拶に対して戸惑っている様子がうかがえる。スリッパも日本独特の履物で、明治初年に日本に暮らす西欧人の求めに応じ、「状差し」を見本につくられたといわれている。新聞『時事新報』

波平の甥《おい》のノリスケは編集者で、結婚当初は団地のようなアパートに暮らしていたが、間取りは1DKで、一部屋しかないためその部屋が多目的に使える和室で、夜は布団を敷いて寝ていた。国民的アニメとなった『サザエさん』は、現代も放映されている。世田谷区の一等地、一〇〇坪の敷地に建つ平屋建ての磯野家の資産は一時期六億五〇〇〇万円になるといわれた。

それはさておき、昭和初期は一室洋間（洋館）、戦後は一室和室に変わり、現在は和室がない家が増えた。ところが、和洋のちぐはぐな二重生活は今もつづいている。

一九六〇年代、七〇年代はみんなが「モダンリビング」という新しい生活スタイルに憧れ、当時日本人はまだ海外へ行く機会が少なかったことから、欧米の生活を紹介する雑誌、とくにインテリア雑誌は人気があった。アメリカだけでなく、北欧、ドイツ、イタリア、フランス、イギリスなどのインテリアが、各雑誌で頻繁に紹介された。一九八〇年くらいまでは、海外のインテリアを参考にマンションのモデルルームはしつらえられていた。

外国といえば、アメリカやヨーロッパを指し、当時中国や韓国には背を向け、少しでも欧米人に近づこうという風潮は、一九八〇年代に入ってもつづいていた。そういった風潮をパロディにした『ウソップランド』（テレビ朝日、一九八三〜八六）という深夜番組が放映された。

「怪物ランド」という三人組（平光琢也、赤星昇一郎、郷田ほづみ）のお笑いユニットが演じていた。そのなかで「外人、ノーズパテ（着け鼻）を着け、語尾に〝デスイズ〟を付ければ、これであなたも外人デスイズ！」というギャグがあったが、髪を染め、欧米人のように振る舞っている若い人たちを風刺したものだ。生活スタイルは欧米化を目指し、どこかで日本人もがんばれば欧米人になれるといった幻想をパロディ化していた。つまり、明治初期にベルツが「日本人たちがこのように自国固有の文化を軽視すれば、かえって外国人の信頼を得ることにはならない」と指摘したが、モノマネ文化は延々とつづき、日本人としてのアイデンティティを失いかけていた当時の若い人たちへの警鐘のように受け取れた。

日本人が住まいにイメージを持てなくなったのはなぜか

西洋的な価値観でものを見ると、日本人の住まいは紙と木でつくられた狭小空間でたしかにやわな印象を与え、そこに雑多な生活用品が散乱しているさまは秩序を失い、「ウサギ小屋」のように見えたのだろう。だが、それを良しとするわけではないが、その状況をありのまま撮影したのが、都築響一の『TOKYO STYLE』（一九九三）だった。そこに映っているものは、賃貸アパートに暮らす若い人たちの住まいで、和室を改装した部屋や趣味のキャラクターグッズやCDや本が集積した部屋など、脱ぎ捨てられた服やゴミが散乱している部屋もあった。現状を隠さず、そのまま伝えた写真はリアリティがあり、一九八〇年代の日本の住まいの現状を写し出していたように思えた。

篠山紀信が撮影した『家』（文：多木浩二、一九七五）には、一九六〇年代の日本各地の「生きられた家」

が写っていた。秋田の古民家を撮影したものには、穴が開いたボロボロの畳の上に万年床と思われる布団が敷かれていた。英語の辞書などが畳の上にある、さっきまで万年床の住人がそこで勉強をしていたことがその写真から伝わってくる。あきらかに、前者はモノがあり、自分の趣味的世界を集積したモノの数で表現している。後者はモノがなく、廃墟になった家屋もあり発展途上の様相を呈している。日本は、わずか二〇年足らずで途上国から先進国へと上り詰めたのだろうか。

一九八〇年代になるとモノはたしかに満ち足りているように思えたが、精神がそれに追いつかず、二〇年前（いや開国前のままで）取り残されてしまったような感がある。バランスを欠いてしまったまま、今日まできてしまったのだろう。その弊害が、教育をはじめあらゆるところで今も出ているように思われる。

全共闘世代ともいわれる団塊の世代が、なぜあのような叛乱をおこしたのか。

社会学者の小熊英二は時代的・世代的背景を分析して、そのひとつの要因を「こうした社会の激変が、若者たちをどんな心理状況に追い込んでいたかである。結論からいえば、日本が高度成長によって発展途上国から先進国に変貌してゆく状況のなかで、当時の若者たちは、戦争・貧困・飢餓といった〝近代的不幸〟とは次元が異なる、いわば〝現代的不幸〟――アイデンティティの不安・未来への閉塞感・生の実感の欠落・リアリティの稀薄さなど――に直面していた」（『１９６８』上巻）と述べている。

これは、現代の若者にもいえる。「アイデンティティの不安・未来への閉塞感・生の実感の欠落・リアリティの稀薄さなど」といった〝現代的不幸〟に、現代の若者も同じように直面しているが、情報化（IT）

社会、それに加え複雑系社会にある現代のほうが「生の実感の欠落・リアリティの稀薄さ」に関しては、遙かに厳しい状況にあるように思える。

江戸時代と比較すれば髪型、服、食べ物、（家事労働を削減した）さまざまな家電などの生活用具、流通革命による二四時間営業のコンビニやスーパーなどでいつでも必要なものを手に入れられるようになるなど、遙かに豊かで便利な社会になった。そして、通信においては現代では携帯電話やインターネットによって、世界間の距離が変わり、瞬時に情報伝達が可能になったことは画期的なことであった。また、携帯電話にはナビ機能や通訳機能などが備わり、人と人が場所や時間にとらわれず、言葉の壁も越えて容易にコミュニケートできるようにもなった。いくつもの言語を学ばなくても、ひとつの言葉を何カ国語にも瞬時に訳してくれる機能が携帯電話に備われば、言語研究者以外は外国語を学習する必要がなくなる時代がくるかもしれない。

そうなれば、インターナショナルな生活スタイルよりも、独自の伝統的な文化を継承する生活スタイルが重要視されるようになるのではないか。それは、それぞれの独自の文化を守ることにもつながり、また自分たちの文化を再認識することにもつながる。それぞれの気候風土にあった生活があり、先人たちの生活の知恵が継承されていくことが、自然環境に負荷を与えず、また伝統的技術を守り、地場産業の育成にもつながるように思える。

インターナショナルなスタイルは、世界共通言語である英語が主流になり、英語圏の文化を押しつけられていたような印象もある。だが、世界にはキリスト教文化だけでなく、イスラム教をはじめさまざまな宗教や文化があり、価値観も異なる。それに気がついた人が、グローバリゼーション化する社会にあって愛国心（祖国愛）を持つように呼びかけていたように思える。

「侍」とか「大和魂」という言葉をスポーツの世界ではよく聞くが、日本には侍だけでなく、農民や商人、職人がいた（近世の社会では士農工商という身分制度があり、人口の割合は農民が八割を超え、武士は一割にも満たなかった）。武士は四民《しみん》の最上位に位置し、苗字・帯刀が許された特権階級であったが、その武士社会のなかでもまた上級と下級に別れていた。四民の下には「かわた」「ひにん」という賤民《せんみん》身分の人がおかれていた。これらは、幕藩体制をかため維持していくための社会制度だった。

また、日本がヨーロッパなどと大きく異なるのは街の景観であり、歴史的街区が残っているのは京都や奈良、金沢などの限られた地区で、それもほんのわずかだ。一九九〇年代に古民家再生が叫ばれたが、その頃はすでに古民家は解体され、多くの家がハウスメーカーの家に建て替えられていた。それが、いいとか悪いということではなく、すでに消えてしまったものを復元することは時間と費用がかかる。再生であれば、たとえ新築よりも費用がかかっても、景観保存ということでは価値があったように思える。

東京オリンピック前の東京の下町は、電柱が無造作に立ち並び、電線が張りめぐらされ、その下を都電やオート三輪が走っていた。その時代の住宅は平屋建ての家が多く、商店街の景観は木造二階建てで、張りぼてになった「看板建築」が多かったが、今となってはそれも懐かしく感じる。

表層ということでは、一九八〇年代の建売住宅やメーカーハウスが、〇〇〇風に演出するために、表面（外観）だけをデコレートした住宅が販売された。それを建築家の石山修武は「ショートケーキ感覚の家」と批判し、その石山が、自邸を設計するにあたり、家は社会的体裁そのものだと『AXIS』（一九九八年九、一〇月号）で述べている。

他人様の家をズーッと設計してきた。お陰様で、全くの赤の他人が一生の友になったり、幾たりかの友人を失いかけたりもした。他人の家の設計くらい根深く人間の生き方を考えさせられてしまうものはない。人間たちがどれ程に家によって自由になったり、不自由になったりするかの現場に立ち会うからだ。一般的に言えば、家を建てることによって生き方が自由になってゆく人間や、家族は少ない。大方が社会的慣習、見栄、体裁によって家を建てているのが現実だ。ずいぶん不思議な理由で家は建てられるのだなといぶかしんだりもしてきた。

今はちょっぴりだが、成程ねと思ったりもする。家は社会的体裁そのものだと知ったからだ。

そして、この話にはオチがあり、石山が自分の家を建てる段になったとき、家族は誰かほかの建築家に設計を依頼したほうがいいのではないかと。石山は「俺の社会的体裁はどうなるんだ」と息巻いて強引に設計を進める。そして、既存の住宅のイメージから遠く離れ、つくりつづけていくために完成することがない家が、これまで生活していた家の上に新しい家を浮かせたような家をつくる。石山にとっては自慢のアイデアだが、家族は浮かぬ顔をしている。彼の長男にいたっては、他人の目を避けるようにして家に帰ってくる。それは家族のコンセンサスをとらずに、建築家が独走してしまったからではない

図3 「三鷹天命反転住宅」(2005年竣工)。赤・青・黄・緑の原色で塗られた幾何形体が積み重なった建物。当初は分譲だったが、賃貸や時間貸しなどのレンタルスペースになっている

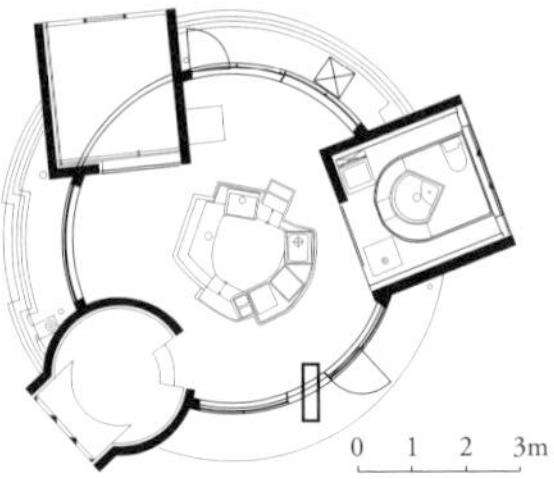

左上・円形の間取りの中央にあるキッチン。右・シャワーブース。球形の部屋があったり、水平でフラットな床はなく、凸凹していて、部屋全体がアスレティック施設のようになっている

かと思うが、建築家であっても、自邸を建てることの難しさが伝わってくる。

日本には、かつては共同体があり、白川郷のように結《ゆい》によって修復が定期的におこなわれ、現在も茅葺き屋根の葺き替え作業はその共同体とボランティアによっておこなわれている。これは、この共同体が存続しているかぎり、サスティナブル（持続可能）な家になる。

しかし、現在は家を建てるにあたり、景観条例が厳しくなっている地域もあるが、そのほとんどは色や形には制約がないため楳図かずお邸のような紅白ストライプ住宅が建ったり、荒川修作とマドリン・ギンズよる「三鷹天命反転住宅《みたかてんめいはんてん》」図3（二〇〇五）のように、角柱や円柱が極彩色で塗られ、まるでおでんの具が三つ串刺しになったような形の棟が連なっている集合住宅もある。「三鷹天命反転住宅」は内部もリビングの床がゴツゴツしていたり、球形の部屋があったり、遊園地のアトラクションのような施設で、当初は分譲マンションとして売り出されたようだが買い手がつかず、現在は賃貸住宅やレンタルルームになっている。楳図邸は住宅地のなかに建つ家としては景観的に問題があるのではないかと社会問題になり、近隣の住民ともめて裁判になったが、違法ではないという判決が出た。「三鷹天命反転住宅」は景観論争には発展しなかったが、マンガとアートの違いなのだろうか。

さて、かなり横道にそれてしまったので、軌道修正すると、ここでは日本人が住まいにイメージを持てなくなった理由を探ろうと思い、過去にさかのぼって考えてみたのだが、そろそろ結論を出そうと思う。

日本の男性の多くは、住まいに対して具体的なイメージを持っていない。持っているとしても、ハウスメーカーのCMが潜在意識となり、いつの間にかCMソングを口ずさんでいるだけではないだろうか。ところが、主婦は具体的なイメージを持っている、といってもこれまで自分がいいと思った寄せ集めのイメージであるが。ただ、キッチンに関しては強い願望があるようで、そこだけは譲れないと主張する主婦が多いのも事実だ。

建築家の隈研吾は、『10宅論――10種類の日本人が住む10種類』（一九八六）を書き、一九八〇年代の住宅を「ワンルームマンション派」「清里ペンション派」「カフェバー派」「ハビタ派」「アーキテクト派」「住宅展示場派」「建売住宅派」「クラブ派」「料亭派」「歴史的家屋派」の一〇種類に分けた。この本は、渡辺和博の『金魂巻――現代人気職業三十一の金持ビンボー人の表層と力と構造』（一九八四）の、いうなれば住宅バージョンである。隈は、当時の日本人が実際にどういう住宅にどんな気持ちで住んでいるかをできるかぎり性格に記述しようと思って書いたという。田中康夫の『なんとなく、クリスタル』（一九八一）もこの時代で、一九八〇年当時の流行や風俗を独自の視点と文体で描き、聞き慣れないファッションブランド名も多数登場した。バブル経済前の日本は、この時期すでに浮き足だっていることがわかる。

一九七〇年代、八〇年代はテレビドラマが若者へ与える影響が大きかった。『傷だらけの天使』（日本テレビ系、一九七四〜七五）の主演の萩原健一が着るDCブランドの服や彼らが暮らす家やインテリアなどが話題になり、同じブランドの服が売れたという。また、八〇年代にトレンディドラマの代表作である『抱きしめたい！』（フジテレビ系、一九八八）では、建築家の早川邦彦が設計した「アトリウム」（一九八五）という集合住宅がドラマの舞台に使われた。実際に使われたのは外観と中庭だけだが、建物は不定形だがヨーロッパの集合住宅に見られるロの字型プランで、その中庭には水盤や大きなチェス盤のように石が市松模様に敷き詰められ、建物の一部はポストモダン調に彩色されていた。木村拓哉と山口智子の『ロングバケーション』(フジテレビ系、一九九六)では、木村が住むアパートやそこで使われている家具などが話題になったという。

そうやって、潜在意識下にあるものを探っていくと、メーカーハウスのCM以前に、テレビドラマだったり、アメリカのホームドラマだったり、映画だったり、日本人が求める住まい像がどこからきているのか、刷り込まれているものが少しずつ見えてくる。その間に「日本回帰」がおこり、向田邦子のドラマなどを見ていると懐かしく、冬寒くて夏暑いあの伝統的家屋もいいなと思えてくるのではないだろうか。

明治から続く、「二重構造」ともいわれる和と洋の「二重生活」から日本人は当分抜け出せそうにないが、逆に和洋折衷を極めていくように思う。飛鳥時代に中国や韓国の文化が仏教と一緒に入ってきて、衣食住は大きな影響を受ける。最初は唐物として崇めていたが、しだいにそれらを少しずつ自分たちの文化へ取り入れていく。当初は、たとえ物真似だったとしても、いつの間にか自分たちのものにしてしまう。演芸の「ものまね」もそうだが、優れた観察力と表現力、そしてそこにオリジナリティが加われば芸になるように、まだまだ時間はかかると思うが、いつかは独自の文化へと昇華していくのではないだろうか。

これからの日本の住まいを考える

日本の住環境は、東京オリンピックが開催された一九六四（昭和三九）年前後に、マンモス団地が郊外に建てられ、徐々にではあるが住環境も整ってきた。また、日本では西欧と異なり、都市部の新陳代謝が激しく、街並みの保存以前にどんどんと景観が変貌していった。そのために、日本の建築家は、リノベーションよりも新築物件を手がける機会が多く、若手の建築家にもチャンスが巡ってきた。しだいに設計（デザイン）のレベルが上がり、二〇〇〇年代に入ってからだが、日本の建築は世界から注目されるようになってきた。

今の若手（三〇代）の建築家がかなり大胆な発想の住宅を設計しているので、やがて住まいも注目されるようになるだろうが、奇抜なデザイン性だけが突出し、それが注目されているうちは、日本の住の水準を上げるまでにはいたらないように思う。耐震性能や居住性に優れた住宅が数多く出て、またデザイン面では日本独自の、歴史の流れが感じられる住宅が出てくれれば、そこでの住まい方もイメージできるのではないかと思っている。

日本の気候風土に適した、日本人の暮らしに合ったものが登場してくればいいと思っているが、それに関しては地方色をもっとアピールした住宅をつくり、その土地の自然と調和し、独自の景観をつくっていくことが重要である。一九六〇年代はインターナショナルスタイルを求めたためだと思うが、どこへ行っても同じような建物が建ち並んだ日本の駅前の風景のような状況は面白くない。それは街並みにもいえる。ハウスメーカーの家は、工業化によって均一化し、地方色を払拭してしまったことが問題であるように思う。やはり、その土地でしか入手できない部材、または容易に調達できる部材を使いながらもその地域環境に適した独自の工法（構法）で、、サスティナブルな住宅が建てられることが望ましいと思える。

現在、ハウスメーカーの住宅も、性能面だけでなく、居住性やデザイン性の質が以前よりも高まっている。それは、部材や構法などが規格化され、つねに改良が加えられ、進化してきたからだ。目に見えないところで進化しているクルマや家電、設備機器などと同じように、競争社会のなかで勝ち残るために技術研究が絶え間なくおこなわれている。

一九九〇年代に入ると、インテリアに興味を持つ女性や建築に関心を示す男性、自分たちが住む家にもこだわりを持つ人たちが少しずつ増えてきた。それまでは、女性誌ではインテリアや住まいの特集は、以前から幾度となく組まれてきた。ところが、先のデザイナーズマンション・ブームをきっかけに、男性誌でも、建築家が設計した住宅を取り上げる頻度数が高くなったのは、一九九〇年代の後半くらいからだ。それも、『ブルータス』が「著名建築家が作る集合住宅情報」という特集を一九九六、九七、九八年に組み、それの反響が大きく、第四弾はそれを見事に裏切るかたちで、「東京23区に家を建てられますか?」（一九九九年一二月一日号）という特集を組んだ。サブタイトルに「小さくてわがままな家〝センセイ〟じゃない建築家リスト付」とあり、それが発端で「建築家」ブームへと展開していった。

つまり、かつてこの手の特集は、女性視点を対象にしていたが、九〇年代の後半以降は、男性視点で特集が組まれるように変わったことが大きく、それによって「住」への関心が一気に高まり、衣食住のなかで最後に〝住まいブーム〟がきた。

二〇〇四年に男性誌の『メンズ・エクストラ』がインテリア特集を組むということで、ライターとしてイタリアへ行き、著名建築家のアンドレア・ブランジにインタビュー取材をしたことがある。そのときのタイトルは「イタリア男は、なぜインテリアが好きか」という軽いノリだったが、ブランジは真摯にインタビューに答えてくれた。最後に「日本のインテリアが隙間産業であるが、（成熟社会を迎えれば）やがて日本もインテリアや住宅に投資する時代がくるだろう」といっていた。日本の事情をしっかりと理解したうえで、筆者のインタビューに答えていたことがわかり、イタリア人のインテリアや住宅への関心やこだわりは、今はじまったことではなく、それはレオナルド・ダ・ビンチに代表されるルネサンス期以前からあり、ゆえにあらゆるモノのデザイン基準が高いともいえる。

イギリス、フランス、ドイツもそうだが、デザインに対する国民一人ひとりの関心が高く、ゆえに目が利く、そして良いものを手に入れ、長く愛用する。日本人にもこの精神はあるが、なぜか住宅においては、そのような目を持たなくなった。いや、日本では住宅の価格と土地が高く選択の余地があまりなかったのと、戦後の住宅の寿命があまりにも短く、愛着を持つ前に壊されていたように思う。

住宅の平均寿命は、イギリス一四一年、アメリカ一〇三年、フランス八六年、日本三〇年というデータがある。一九九八年のものだが、現在とそれほど変わっていないように思う。ただ、二〇一三年で日本は二六年というデータもあり、さらに平均寿命が縮まっているようにも思える。イギリスの住宅の平均寿命が長いことについて、ウェールズで一〇〇年以上たった家に住み、日本でも築一〇〇年以上の家に三〇年以上住んだという長島キャサリンは、建築史家の藤森照信との「一〇〇年住宅」をテーマにした対談で次のように述べている。

イギリスの住宅は一〇〇年ではなく、何百年、永遠という考え方なの。よっぽど建て替えなければならない理由がなければ、そこにずっと住むというのがあたりまえというイメージがあります。(*1)

日本人は、どこかで「ものを大切にする心」を失ってしまったのだろうか。
それとも、ものすごい勢いで建て替えられて、メタボリズム(新陳代謝)によって街がつねに変化することでアジア的なエネルギーを生み出してきたのだろうか。戦後のバラックが犇《ひし》めいていた闇の都市があった時代はたしかに活気があり、人々は明日への希望を胸に秘め、目を輝かせていた。ものがない貧しい時代がけっしていいとは思わないが、あの時代に忘れ物をしてきたような気もする。
住まいは、戦前と戦後の昭和四〇年代くらいまでは借家が多く、双六《すごろく》のように住み替えができたが、家を所有しないがために愛情を注げず、減価償却の対象というか、家電などと同じようなモノ(商品)になってしまったことが大きいように思う。マンションや戸建住宅を販売するハウスメーカーを取材していると、顧客に渡すまでは、キズひとつあってはならないと、彼らの神経の使い方を異常に感じたのは筆者だけではないだろう。また、家を資産であるが商品ではない、と思うのだがそろそろ家を商品と考える発想から、卒業したほうがいいのではないだろうか。

◎引用文献

＊1　対談：藤森照信・長島キャサリン「住宅百年の計――これまで百年、これから百年住める家」『百年住める家を建てる』朝日オリジナル住宅ムック　朝日新聞社　一九九八

第8章　これからの日本の住まい

世界は椅子坐から床坐へ

椅子坐の生活には多くの人が憧れたが、体は自然と床でくつろぐことを覚えていて、ソファに坐っていてもしだいに体が下に下にと向かい、やがて床坐の生活になっていることがある。どうも日本人は畳がなくなっても床坐の暮らし方を体が覚えているように思う。それは、若い人でも、卓袱台《ちゃぶだい》を愛用していたり、炬燵《こたつ》を好む人がいる。世の中があまりにも洋風化というか、椅子式の生活が主流になると、その反作用で和の生活に体が戻ろうとするのか、着物《きもの》を好んで着たりする人もいる。そうなると着物を着たり、畳んだりするときに和室が必要になる。

モンゴルのゲルに暮らす遊牧民や、アメリカ原住民のナバホ族のティピでの暮らしなどを見ると、モンゴロイド（黄色人種）特有の生活スタイルがあり、とくに床坐の生活を好むのはDNAに刻まれていて、椅子やソファを使った椅子式の生活をしていても、リラックスしてくると体がだんだん下降し、気がつくと床に坐していることがあるが、それは体が床の上でゴロゴロすることを望んでいるからだろう。

日本の大手ハウスメーカー、大和ハウス工業が中国で建設した分譲マンションで、（ボタンひとつで掘り炬燵になる）畳を敷いた和室がある住戸が、富裕層に好評だという記事があったが、日本の畳や布団を用いた床坐の生活スタイルが、日本のマンガを読み、アニメを見ている世界中の子供たちの潜在意識に入り込み、日本よりも外国で日本の生活スタイルが浸透しているのではないだろうか。海外でも、家で靴を脱ぎ、床坐で暮らす（さらに湯船に入り、温水便座を愛用する）という日本固有の生活スタイルを実践する人が増えているようだ。

再発見される日本の住文化

日本人がすでに忘れてしまった日本独自の固有文化、生活スタイルのよさを、外からの視点というか、日本に暮らす外国人から学ぶことが多い。

イギリス生まれのベニシア・スタンリー・スミスは、京都・大原の古民家に暮らし、四季を感じながら自然と調和する古民家での暮らしを楽しんでいる。彼女の日本での生活から、衣食住において日本の伝統的な生活スタイルのよさを再認識する。なぜ日本人は生活の知恵を忘れ、工業化された住まいや便利な道具ばかりを求め、それまでの文化を簡単に捨ててしまうのか。「新しいもの」「まっさらで神聖なもの」を好む日本人が、今の生活は本当に「普通」の生活なのかと問われているようにも感じる。

これまでの歴史を振り返ると、「桂離宮」の美を再発見し、世界へ伝えたのはドイツ人建築家のブルーノ・タウトであり、日本の工芸や民芸の素晴らしさを世界に広めたのはタウトだけでなく、戦前に工芸指導所に招聘《しょうへい》された、ル・コルビュジエの弟子であったフランス人のシャルロット・ペリアンもその一人で、日本の伝統的な工芸技術を取り入れた家具をデザインしている。これらの外国人が日本の工芸や民芸の素晴らしさを再認識させてくれた。現代においても、それらはジャパンブランドを象徴するもので、芸術的な視点で世界から高く評価され、注目されている。

大正時代に来日したアメリカ人建築家のフランク・ロイド・ライトも、浮世絵の素晴らしさをいち早く見抜き、来日する度《たび》に買い集めていた。ライトの建築には、日本の伝統建築がもっていた優美さやバランスが咀嚼《そしゃく》され、「ロビー邸」（一九〇九）や「落水荘」（一九三六）などから日本的なるものを感じとることができる。

京都などを旅している外国人が、日本の生活スタイルに影響されて、帰国後に床坐の生活をしている人がいる。それは初めて西欧に渡った明治時代の日本人が、カルチャーショックを受けて帰国後に西欧スタイルの生活をはじめるが、逆に欧米人にとっては日本の生活スタイルはあまりにも異色で、それゆえに影響を受けやすいのではないだろうか。

ジャパンブランドとして、衣食住のうち、「衣」では超極細絹糸（髪の毛の太さの約六分の一）を使用した、世界最薄の絹織物「フェアリー・フェザー（妖精の羽）」は海外のファッション・メーカーから引き合いが絶えない。プリーツなどもそうだが、日本の高い織物の技術は世界から注目されている。「食」は日本食や和菓子をはじめ、和牛や米などの食材も世界から注目されている。また、日本の中小企業が持っている高い工業技術、そして江戸時代から今日までつづく伝統工芸、工芸職人の技も注目され、日本の名品（伝統工芸品）は海外でもコレクターが増え、高額で取り引きされている。

「住」に関しては、京都にある六〇〇〇坪の池泉回遊式庭園と別邸を、アメリカのIT産業の創業者が八〇億円で購入したという話を聞いた。日本の大自然の景観のミニアチュールとして人（庭師）の手で再現した日本庭園、その庭を眺めるための日本建築など、一般庶民には縁遠く、当時の権力者や実業家が所有していたものだが、海外の実業家が所有するというのは、日本人よりも日本の庭園や住文化に明るく、投資の対象になると考えたからだろう。

日本の住文化が現代にも通じるということでは、在来工法を手がける日本の大工の技術は、世界から見て高いといわれている。それは宮大工や数寄屋大工などと同じように技術が代々伝承されてきたからだ。日本の職人は大工だけでなく、左官、建具、経師など優れた技術を持っている。それは、現在の鉄筋コンクリート造においても鉄筋工や型枠工なども、海外で設計した経験がある建築家はみな口を揃えて日本の職人はみな優れているという。日本の職人は高い技術を持ち、つねにいいものをつくろうとする、そしてその技を磨こうとする職人気質がジャパンブランドであり、日本の誇りでもある。

これからの住まいにおける生活スタイル

日本の住宅は、下級武士の武家屋敷に見られたように、かつては「おもてなしの心」を重要視した間取りだった。そのため、洋室（洋館）は応接間として使われていた。現在のリビングは家族室となったが、応接間には「応接セット」が置かれ、普段は使われないため、白いカバーがソファや椅子に掛けられていた。

一九六七（昭和四二）年に日本住宅公団が初めて「DK+L」の標準設計を採用した。それまでは2DKが主流だったが、3LDKの間取りが登場すると、「応接セット」と「カーペット」が売れた。応接間やリビングがない、和室だけの部屋であっても、畳の上にカーペットを敷いて洋間として使った。

和室の洋風化は、昭和四〇年代には多く見られた。応接間には、なぜか木目調のテレビやステレオが置いてあった。昭和五〇年代に入ると畳敷きの和室が減り、今度は「カーペット」に替わって「フローリング」が急増してくる。しかし、かつて吉田兼好が「住まいは夏を旨とすべし」といったように、日本家屋は夏向きのため隙間風が多く冬寒い。そのためか「応接セット」と「電気櫓炬燵《でんきやぐらこたつ》」を組み合わせて使う家が出てきた。増改築時に「掘り炬燵」にする家もあったが、その多くはソファと炬燵を併用することで、ソファに寄りかかって炬燵に入る光景が見られた。そして、夏はテーブルとして使える「家具調炬燵」なども登場し、またホットカーペットとソファを組み合わせて使う家もあり、椅子坐から床坐へと戻るケースもあった。

これを『ユカ坐・イス坐』の著者である沢田知子は、「ユカ坐回帰現象」と呼び、その理由を次のように述べている。


住宅を新しく建てるとき、それまでのユカ坐の生活をイス坐の生活に改める。それが、戦後の住宅がたどった変化の方向であった。しかし昭和五十年代後半以降は、そうした必然的な動向を否定する数値が続くようになっている。（中略）おそらく、新築の時点でイス式家具を導入する比率を上回る比率で、保有していたイス式家具を廃棄処分する「ユカ坐回帰現象」が生じるようになったためではないかと思われる。

こうした水面下の現象によって、統計上で見た椅子式家具の普及率がプラスからマイナスに転じてくるのは、「高度成長期」から「低成長期」への時代変化のもたらした、特筆すべき現象のひとつであると、沢田は指摘している。

また、椅子式家具の普及は、都市部が早く農村部が遅いが、「都市・農村の逆転現象」が低成長期におこった。それは、今日の日本では「食堂セット」も「応接セット」も農家のほうが保有率が高い。その要因は住宅規模の相違によるが、居住者がユカ坐回帰にいたった理由として、「応接セットを置くと部屋が狭くなる」「広々とした空間がほしい」と、過剰な「モノ指向」から本来の「空間指向」へと、（それは高度成長期の早い時期に椅子式家具を導入した都市居住者に共通する）明解な意識転換とも指摘している。

かつては、台所も床坐で坐ったまま調理をしていた時代があった。土間では中腰、床の上では正座といくつもの姿勢を強いられたが、大正時代に「立ち式」の台所が提案され、徐々に現代の台所での作業姿勢になっていった。

日本には、かなり早い時期（弥生時代以前）から高床式の住居があったといわれている。平安時代の貴族の住居だった寝殿造りには縁《えん》があり、たずねてきた男性（菅原道真）が、その縁側に腰をかけ、浅沓を片方だけ脱いで膝を曲げ、その傍らで坐している女性と話し込んでいる絵巻（『松崎天神縁起』図1）がある。高床ゆえに縁側にひょいと腰かけることができる。昭和三〇年代によく見かけた外廊下型の家には、南側に縁側があり、近所の人が気軽に立ち寄って、世間話をしていた。農村で、このような家が残っているところでは、今も見うけられる光景である。

つまり、高床式の住居は家の床全体が椅子の坐面であり、寝殿造りの住居は、「寝殿」ということからもわかるように寝るための住居で、洋家具にたとえるならば床全体がベッドであった。旅館に宿泊したときなど、いっさいモノがない座敷に布団がきちんと敷かれた状態は美しく、その空間全体が天蓋付きのベッドになり、広々としたあの感覚は心地よい。そして、夏など蚊帳《かや》が吊られると、自分が水の底にいて魚になったような感覚は今も覚えている。

ある大手のイタリア家具の新作発表会が一九八〇年代にあり、そこでイタリア人の社長が語った言葉が今も忘れられない。それは「日本人も早く、このようなベッドを使える生活ができるようになるといい」といったような内容だった。日本人は本来家具などを使用する「モノ指向」ではなく、家具を使わない「空間指向」を好む生活を何百年、いや何千年とつづけてきた。日本人の生活水準がまだ低いため、ベッドの普及率が低く、早く高級ベッドを買えるくらいの生活ができるようになることを奨励しての発言だったと思うが、彼が日本の住文化（空間指向）を理解していなかったことは残念だった。西欧の「ものさし」で日本の生活水準をむりやり測り、押しつけられたような気持ちになった。

図1　鎌倉時代、片方だけ浅沓を脱いで、縁に腰かける貴族。『松崎天神縁起』防府天満宮所蔵

中世には玄関はなく、建物周囲の広縁が履物を脱ぐ場所だった。「慕帰絵詞』西本願寺所蔵

「ユカ坐回帰現象」は、その現れであり、ある意味、日本の住居そのものが家具であったように思われる。禅の「無有」ではないが、必要なときだけ、現れる家具や家電が家に備わっていて、必要ないときは、視覚から消えてゼロになる家が、これからの日本の住まいになっていくように思うのだが。

生活の豊かさとは何か

二〇一一（平成二三）年三月一一日の東日本大震災は、地震よりも津波の被害が大きく、多くの人が被災し、二万人に近い人の命がうばわれた。それを反省して、復興事業に取り組んでいるが、自然災害の恐ろしさを知り、その答えが出せないというのが、実情ではないだろうか。

また、福島原発の被害が大きく、環境を元に戻すには何十年、何百年かかるかわからない。突然、避難勧告を受け郷里を失った人にとっては青天の霹靂だった思うが、その後の原発反対の運動へと展開している。エネルギー問題は国民一人ひとりが考えなければならない問題であり、サスティナブルな社会をつくるうえで、地球規模で考えなければいけない、非常に重要な問題であると思われる。

携帯電話はスマートフォンが主流になりつつある。

かつて文明の機器をアピールするために、「文明開化」にちなんでいろいろな種類の商品の頭に「文化」

をつけた。たとえば、「文化鍋」「文化包丁」「文化住宅」などだが、現在は「文化」に代わる接頭語が「スマート」だ。そして、「スマートカー」「スマートキッチン」「スマートハウス」が登場した。「スマートハウス」にはハウスメーカーをはじめ、家電メーカーや自動車メーカーも参入している。

「スマートハウス」の特徴は、「太陽光発電システム」や「コージェネレーションシステム（燃料電池、蓄電池を利用したシステム）」で電気をつくる創エネと、蓄電池を使った畜エネで、さらにコンピュータによる電力の制御、最適化によって省エネをはかったものである。そして、電気自動車に搭載された畜電池を緊急時には家庭用の電力として使い、また各家庭で発電し、余った電力を売るなど、効率よく発電して地域ごとに蓄電し、その電気を地域で消費すれば、将来的には電力会社に頼らないでもすむようになるのではないだろうか。

建築家の山下保博とアトリエ・天工人は、建築家の視点で「エコハウス」を提案している。「A-ring」（二〇〇九）は、アルミリング構造体とし、それ自体が「放熱器（輻射冷暖房）」を兼ねた住宅だ。さらに、「太陽光発電」「オールLED」「オール電化」「屋上緑化」「雨水利用」などを組み合わせてランニングコスト〝ゼロ〟を目指している。

また、「土を構造体」とした「アース・ブリックス」[図2]（二〇一一）も提案している。土に海水から取れる酸化マグネシウムを混ぜて固めた、二五〇〇個の土ブロックを積み重ねてつくった住宅は、いろいろな可能性を秘めている。山下は、「材料はどこでも手に入る、世界中で生産可能で資源も豊富にある。また、（酸化マグネシウムは）食品添加物に指定されているため安全で、害なく大地に還元することができる」

図2 「アース・ブリックス」(2011年竣工、千葉)。土と自然添加物のみを混入した土ブロックを積み上げてつくった建物。組積造の壁が構造体となり、土ブロックは砕くとまた土に還る

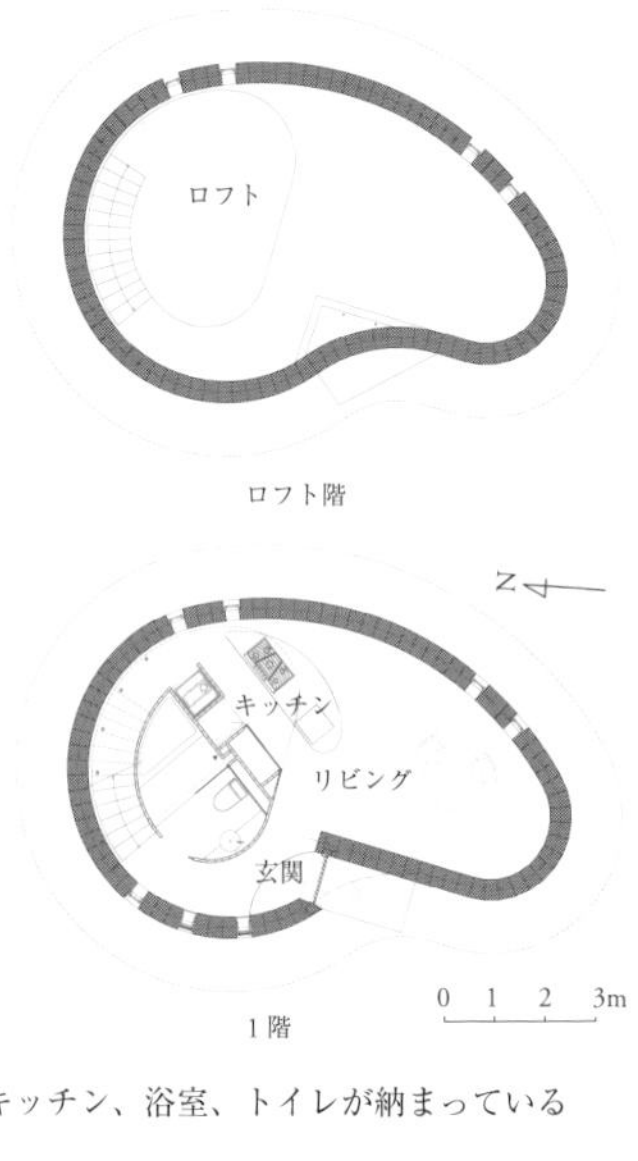

天窓から光が入るリビング。反対側の中央のコアにキッチン、浴室、トイレが納まっている

という。

土ブロックの家を取材していて、乾燥地帯に見られる日干し煉瓦《れんが》の家や版築《はんちく》[注1]を思い出した。やがて、土に還る素材でつくることが究極の「エコハウス」であり、そういう意味では、日本の古民家は木と紙と草（茅・藁）などでつくられていたから、朽ち果てるといつかは土に還る。また、バブル期にはスクラップ＆ビルドで鉄筋コンクリート造や鉄鋼造の家も壊して、新しい建物を建てていた。廃材は産業廃棄物となり、CO_2も多く排出していた。そういった反省を踏まえ、住宅を社会ストックと考え、「一〇〇年住宅」が叫ばれた時期もあった。考えてみれば、古民家の多くは一〇〇年以上経過しているものが多く、増改築を繰り返している木造の建物のなかには築七〇〇年のものもある。

究極のエコハウスは、あえて電気エネルギーなどに頼らない「古民家」ではないかと思う。雨戸と障子のあいだには回遊の廊下がある。その廊下を空気層と考えれば、古民家は基本的にダブルスキンであり、庇・軒が深く、直射日光が室内に入らないので、輻射熱は抑えられ夏涼しく過ごすための工夫がいくつもある。

今ある古民家を再生させ、スマートハウスの機能を組み込むのがいいと思っている。それは、古民家でなくても、昭和初期の平屋の続き間と洋館が組み合わさった住宅でも、昭和三〇年代の外廊下型の住宅でも、構造面での補強や気密性を高めたりする必要はあるが、表向きは昔の家でありながら、性能としては「スマートハウス」と同じ機能を備えているのは魅力的ではないだろうか。なかには、そういったものに頼らずに、昭和三〇年代のままの生活をしたいと思っている人もいるだろう。

ブータン王国の国王夫妻が来日した際に、「国民総幸福量（GNH）」という言葉が話題になった。これまでは、日本もそうだったが、幸福になるためには物質的な発展を遂げることが重要だと考えていた。つまり、「国民総生産（GDP）」が発展の度合いを測る指標だったが、これに対してブータン王国は物質的な成長を積むことが必ずしも幸福と結びつくわけではないと主張し、独自の「ものさし」である「国民総幸福量（GNH）」を使っている。GNHの概念は、人間社会の発展とは物質的な発展と精神的な発展が共存し、互いに補い合って強化していったときにおこるものだという考えに基づいている。

ブータン王国は日本と異なり、現時点では経済的にはけっして恵まれているとはいえないが、西欧的な生活水準を国民が望まず、今のままの生活を維持し、徐々に豊かになることを望むのであれば、バランスがとれた独自の文化を継承していける。ところが、ブータン王国においても、急成長している経済分野もあり、現在の高い幸福量をバランスよく維持できるのだろうか。

日本は明治維新後、少しでも早く列強と肩を並べようとして、これまでの日本の文化をかえりみることなく、ただ前を向いて走ってきた。つまり、そのため余暇とかゆとりといった言葉が日本には定着せず、今も忙《せわ》しなくあくせくと走り回っているように感じる。

イタリア人のようにもっと生活を楽しめばいいと思っていても、生真面目な性格の日本人は、体を動かして働いてしまう。筆者もそうだが、この国自体自転車操業で、走っていないと転んでしまうような恐怖感をいつも持ちつづけている。現在は先進国に位置し、一九八〇年代は「ジャパン・アズ・ナンバー1」と持ちあげられたが、それも一時で、その時代にあっても本当の意味で優越感を味わってはいなかったように思う。

今ある日本の景観を残すために

不況になると、どういうわけか世の中を明るくしようとして「お笑いブーム」がおこる。そのお笑いのコンビのなかで、地方色を出して笑いをとっている芸人もいる。彼らのお国訛《なま》りの漫才は、なぜかほのぼのとした気持ちにさせてくれる。

また、今の子供たちは方言をさけ、標準語を話す子が増えている。これも学校教育から、そうなってしまうのか、テレビなどの影響なのか、子供の話し方からお国訛りが聞こえてこない。それは、全国どこへ行ってもメーカーハウスが建っていて、とくに農村の風景はどこもあまり差異がなくなったことが要因のように思える。直接の因果関係はないが、メーカーハウスの数が増えるのと同時に町や村が個性を失い、方言で話す人が減り、標準語を話す人が増えているように感じるのは気のせいだろうか。

それが、いいとか悪いということではなく、今ある日本の景観を残すということであれば、これは「家」だけを残すのではなく「衣食住」のバランスを考えて残す必要があるように思う。それが地域文化を残し、伝統を継承していくことにつながっていくのではないか。「衣」に関していえば、地場産業があれば、少しでもそういったものを地域の人が身につけ、また「食」に関しては、その地域の農水産物を使った料理、または昔ながらの味を伝承していくために、調理法などを伝受する機会を多くつくる。「住」に関しては、その地域出身の建築家や工務店に依頼する。また、メーカーハウスも地域特性というか、その土地の気候風土を考慮し、また建材などもその地域で採取したものや生産しているものを優先して使い、それに対して行政がいくらか支援する。地域や地場産業の活性化になり、それによって雇用もいくらか増え、人口減少や少子化などの問題解決にもつながるのではないかと思っている。

ブータン王国では、独自の「ものさし」として「国民総幸福量（GNH）」を唱えていることは前述したが、「シアワセのものさし」という言葉を使う、高知県在住のグラフィックデザイナー、梅原真《うめばらまこと》がいる。梅原は、仕事をするうえでつねに念頭においているのは、「自らの仕事が〝大切な風景を残す〟ことにつながるかどうかだ」という。彼がいう「風景」とは、単に美しい景色を指しているのではなく、いいものをつくろうと額に汗して働く人々の姿と、それが醸し出す現場の空気や景観。そうした人々の営みが映し出された〝美〟や〝豊かさ〟を「風景」と呼んでいる。梅原は、「そういった風景をデザインの力で守りたい」という。

そのため、梅原は農林漁業と地方に関する仕事ばかりを引き受けている。ところが、梅原はそういった商品もヒット商品にしてしまう。そのデザインの第一歩は、そのモノの本当の価値に目を向け、可能性を見出すことからはじめている。生産者や地方の人々は、「頑張っても頑張っても、売れない」と自らのモノづくりに自信を失っていることも少なくない。そのような状況を踏まえ、梅原は「ないものねだりをせずに、足もとに眠っている地域の〝宝〟に目を向けることが、衰退する一次産業や地方の再生にもつながる」と主張している。

梅原は「デザインで日本の風景を残したい」と思い、独自の「ものさし」で考え、答えを出していく。梅原のようなクリエイターが地方に増えれば、デザインの中央集権的な発想も変わる。そうなれば、地価や物価が高い大都市への人口集中に歯止めがかかり、市町村はもっと住みやすくなるのではないだろうか。

日本の歴史は、飛鳥時代の仏教伝来、明治維新、第二次世界大戦などで、それまでの自分たちの歴史を否定している。明治に来日したドイツ人医者のベルツが指摘するように、「われわれには歴史がない。われわれの歴史は今、始まる」と考えた人が多かった。それは、大陸（中国）や西欧の「ものさし」で測ろうとしたことに無理があったように思う。

最近よく耳にする、経済産業省も奨励する「クールジャパン」は、当初は主に秋葉原に代表されるようなマンガやアニメ、渋谷・原宿のファッションなどのサブカルチャーを指していた。そのうち、食材や伝統工芸など、かつて「ジャパンブランド」と称されていたものも含め、日本の衣食住の文化全体を指すようになってきた。

外国人の目から見て、日本の衣食住の文化の素晴らしさや陳腐さなどを紹介する『COOL JAPAN 発掘！かっこいいニッポン』（NHK BS1）といった番組がある。日本人の暮らしにはたしかに「二重生活」や「神仏混淆《こんこう》」など、不思議な習慣もあるが、外国人の目から見て、魅力的に映るものや、価値があるものがたくさんあると思う。そういったものが、一度海外で評価され、それが逆輸入というかたちで日本に入ってきて、日本人は初めてこれまでの、日本の衣食住の文化が素晴らしいことを再認識する。

これは、デザインにもいえることだが、「クール（カッコイイ）」ということが重要で、音楽でもファッションでもそうだが、カッコイイと思うとすぐに、若い人のあいだで流行する。「カワイイ」も「カッコイイ」も世界言語になっている。そして、「モッタイナイ」もそうで、その三語が、日本の生活スタイルを左右する重要な言葉になっていることは間違いないだろう。

日本の建築家やデザイナーで、茶室のデザインを依頼され、茶の湯も含め、伝統建築について自分が知らないことがわかり、勉強をはじめ、茶の湯にはまってしまう人が多い。それは、日本の建築教育にも問題はあるが、数寄屋建築についての知識を持って、その設計までを教えることができる人がほとんどいないということにあると思う。

京都府大山崎に現存する、利休好みとされる「待庵」などには、外国人の目を通さなくても、これからの日本の住まいや生活スタイルを考えるヒントがいっぱい隠されているように思う。この空間で、床の間に掛ける掛け軸の代わりに、マティスのリトグラフを掛けたり、クラシックやジャズをバックグラウンド・ミュージックとして流して、茶を楽しむのもいいように思う。日本には「型」があるが、ときにはそれから抜け出す「崩《くず》しの文化」もある。そして、長年の和洋の「二重生活」から生まれた折衷の文化がアレンジされ、日本独自の文化へと昇華するが、それがあと何年後かはわからない。

昭和初期に見られた、和風住宅の脇に洋館を増築した一室洋室（洋館）のように、今後は日本人の心の拠り所として茶室を持つことがステイタスになり、ハウスメーカーの「スマートハウス」の脇に「茶室」がある、一室茶室タイプが誕生するかもしれない。

先のデザイナーズマンション・ブームで、自分たちが暮らしている集合住宅という住まいにもデザインがあることを再認識した人が多くいたと思う。また、そこに暮らしたことでデザインや建築に目覚めた人もいただろう。だが、そこに住む人の生活スタイルはそう簡単には変わらないと思う。それは日本の衣食住の文化が、五年や一〇年では変わらないのと同じで、明治維新から一五〇年近くの時間を経過し、「床坐から椅子坐へ」という生活スタイルの移行はあり、畳を敷いた部屋が消えつつあるが、また床坐へ戻ったりと日本人の起居様式はいまだに定まっていない。

さすがに、街中を摺《す》り足で歩く人はいなくなったが、日本固有の「衣食住」の文化を軽視せずに、世界に誇れる「クールジャパン」として、グラフィックデザイナーの梅原真のように、「足もとに眠っている日本の〝宝〟に目を向けることが、衰退する日本の産業全体を奮い立たせ、再生につながる」のではないかと、筆者も考えている。

西欧が五〇〇年かけて、ようやく（産業革命以後の）一九世紀の文化を築き上げた。開国したばかりの日本は、二、三〇年で自分たちのものにしようと、ものすごいスピードで吸収しようとした。当然消化不良をおこしただろう。また、間違った解釈をして、それがそのまま受け入れられてしまったケースもあるだろう。

日本人が優れた住文化を持った民族であることは、すでに日本人よりも世界の人々が確信している。建築のモダニズムについて考えてみると、西欧では中世から一九世紀末にようやく到達したが、日本ではすでに四〇〇年前に建てられた「桂離宮」で、その領域に到達していたように思う。それが鉄やガラスではなく、木や紙であったとはいえ、自然と融合したデザインは、環境デザインであり、その優れた構成美にミース・ファン・デル・ローエの「ファンズワース邸」を連想する人は少なくない。

日本の建築教育は、これまで西欧に追いつけ追い越せで、明治以降西欧の建築学を大学教育で学んできたが、筆者はなぜ、日本の優れた伝統木造建築を学んでこなかったのか、疑問に思っている。日本の建築の素晴らしさを指摘したのも、ブルーノ・タウトをはじめとする、外からの目だった。「桂離宮」のような建築だけでなく、古民家のような庶民が暮らした日本家屋からもたくさん学ぶべきことがあるように思う。

それは、究極のエコハウスが、カプセルのように閉じられた空間で、外からのエネルギー補給によって室内環境をコントロールするものではないことを、私たちは知ってしまったからだ。最終的には、エネルギーに関してはインフラに頼らず、太陽光発電パネルや燃料電池などで自家発電し、自然に開放し、自然と融合した住まいが理想だと、実感したからではないだろうか。それはかつての日本の住まいであり、自然エネルギーを巧みに利用する生活の知恵もそうだが、日本の職人が代々受け継いできた環境にやさしい、やわらかいテクノロジーだと思っている。そして、自然と融合するために四季の変化が感じられる庭を主役にした家づくりに、ヒントが隠されているように思うのだが。

注1　版築（はんちく）『広辞苑』には、「中国における土壁や土壇の築造法。板で枠をつくり、土をそのなかに盛り、一層ずつ杵（きね）でつき固める。古く殷代にはじまり現代まで存続」とある。石灰を混ぜた粘土と砂の各層を交互につき固めてつくる方法もある。

日本人の住まい（衣食）・年表

西暦（時代／年号）	社会情勢 （歴史・※文献）	住生活 （◎生活・○室内・●建築）	衣生活 （◇衣服・◆履物・＊洗濯）	食生活 （△食事・▲炊事）
【旧石器時代】 BC300万年頃〜		◎狩猟・採集の生活 ○洞窟や岩陰などを利用して暮らす ●約一万数千年前の後期旧石器時代に掘立柱の工法発生	◇猪・鹿を捕っていたので毛皮を加工して着用 ◆素足の生活	△狩猟・採集を主としていた ▲黒曜石製の刃器が使われていた
【縄文時代】 BC7000年頃〜 BC6000年〜 BC5500年〜 BC4000年頃	埋葬祭祀にともない掘立柱に桁をつけて軒を支える建物が発達 三内丸山遺跡に掘立柱による高床式の巨大建造物 富山県桜町遺跡で高床建築の柱、桁、梁などの建築部材発掘	◎湧水のある台地の縁辺に集落を形成。農耕生活がはじまる ◎素足の生活から稲作開始により田下駄が発生 ◎たいまつや獣脂が灯火に使われる ○竪穴住居に藁（ワラ）や板きれを敷き、入口に竹や葦などで編んだ簾（す）が垂らされる。屋内炉が中央に現れる ○竪穴住居。地表から50cmほど掘り下げ、屋内は土間	◇装身具などで装っていた ◇麻や苧（からむし）などの食物の繊維を織ってつくった布の衣を着用 ◆日本最古の履物「皮グツ」と狩猟用「カンジキ」	▲縄文土器（尖底土器）を調理器・食器として使用していた △貝、魚、獣のほかに木の実（クルミ、ドングリ、クリ、トチなど）を加工・調理して食した
【弥生時代】 BC300年頃〜 AD57年 239年	讃岐国出土の銅鐸に棟持柱をもつ高床家屋が描かれている（1世紀後半頃） 倭国王、後漢に遣使 北九州に弥生文化おこる 稲作伝来 倭の邪馬台国の女王卑弥呼、魏に遣使	○高さ10〜40cm、幅1〜2mの土壇上ベッド「トコ」が発生（弥生中期〜古墳時代前期）。草や蓙（ゴザ）を敷いて眠り、室内空間の分割や階級の表示のために間仕切る場合もあった ○炉が中央から壁際に移動 ○平地住戸に板敷が登場。はじめは竪穴住居の8分の1程度だが、しだいに建物の床面全体に広がっていく（床の具体的形状が判明するのは奈良時代から）	◇男子は成人も子供も刺青（いれずみ）をしていた。 ◇女性は幅広い布を結び重ね、単衣のようにして、真ん中に穴を開けて頭を通して着る貫頭衣を着ていた。男性は横幅の布を腰に巻き、肩にも掛けていた ◆水田や深田の耕作に田下駄を履いていたが、日常は	△初期の農作物は赤米、キビ、アワなどで、粥や雑炊にして食べていた △塩竈、塩の登場 ▲金属器と弥生土器が使われはじめる △箸と匙の登場

250年頃	前方後円墳がつくられはじめる	●登呂遺跡からスギ柱出土 ●平地に集落が移り、竪穴住居のほか高床倉庫が出現	裸足だった	
【古墳時代】 300年頃〜 350年 413年以降	 大和朝廷の統一 しばしば中国に遣使	◎上流階級は高床住居に住み、寝台は「ユカ」と呼ばれた。木製で、上に蓆（むしろ）、茵（しとね）などの敷物を敷いて用いる ◎古墳時代中期頃から支配階級は、椅子や寝台を使用しはじめた。坐具一式＝「あぐら」、腰かけること＝「しりうたげ」、上に乗って坐ること＝「うちあぐみ」と呼ばれていた ●掘立柱に葺き屋根の簡単な建物	◆沓（くつ）が中国から朝鮮半島を経て渡来、豪族に用いられる ◇『日本書記』『古事記』、埴輪などから、男性は、髪は美豆良（みづら）は、衣（きぬ）は筒袖、ゆったりした褌（はかま）を着け、皮履（かわぐつ）を履いていた	▲古墳時代に竈（かまど）出現 △允恭天皇、狩猟で淡路島へ行き、麈（おおしか）、猿、猪などを捕る（425年）『日本書記』
【飛鳥時代】 500年頃〜 538年 557年 593年 604年 607年 630年 645（大化1）年 701（大宝1）年	 仏教伝来（一説552年） 百済より医・易・暦など伝来 聖徳太子、摂政となる 憲法十七条を制定 小野妹子を隋に遣わす 遣唐使のはじめ 大化の改新 大宝律令	●仏教建築とともに瓦葺き、礎石敷き建物が伝わる（538年） ●百済より経論・律師・禅師・仏工・寺工（仏教建築の技術者）渡来（588年） ●飛鳥寺建立。飛鳥寺の心礎に仏舎利を置き、心柱を立てる。伽藍跡から礎石発掘（601年） ●法隆寺創建（607年） ●伊勢神宮の式年遷宮開始（690年）、「心の御柱」や棟持柱を伝える）	◇騎馬民族の胡服形式の衣服が支配階級の衣服となる ◇髪型で、支配者と被支配者が区別されていた ◆男性は爪先が反り返った浅沓と平らな浅沓と長沓の三種 ◆浅沓を履いた聖徳太子像 ◇大宝衣服令で、親王と大納言以上は礼服を定める（701年）	▲飛鳥時代から流行しだした銅鋺、銅匙、銅箸 △天武天皇、肉食禁止令発布。牛・馬・犬・猿・鶏の食用禁止（675年）『日本書記』 △諸国にて、五穀の助けになる桑・紵・梨・栗・蕪菁の栽培を奨励（693年）
【奈良時代】 710年〜	平城京へ遷都	◎一般集落は竪穴住居（平安中頃まで） ○母屋に庇（ひさし）がつく。板扉は外	◇天皇の礼服にみられる唐風化の進行	△唐箸（現代の二本箸）の登場

西暦（時代／年号）	社会情勢（歴史・※文献）	住生活（◎生活・○室内・●建築）	衣生活（◇衣服・◆履物・＊洗濯）	食生活（△食事・▲炊事）
723（養老7）年 743（天平15）年 752（天平勝宝4）年 759（天平宝字3）年	三世一身法を制定 墾田永年私財法を制定 東大寺大仏開眼供養 唐招提寺講堂・金堂 ※『古事記』に菅畳、皮畳、絁畳の記載（712年） ※『日本書記』に八重席薦（やえむしろこも）、宮殿はヒノキで建てる旨の記載（720年） ※『万葉集』に木綿（ゆう）畳、八重畳の記載（750年頃） ※『続日本紀』に備前国出身の秦刀良（はたのとら）が長年畳を制作した功績で外従五位下の位を得たと記載（770年）	開き・観音開き（平安時代に引戸に変わった） ○大嘗宮神殿では、畳を重ね、襖を置いた寝床の足元で沓を脱いだ ○朝廷では椅子の使用が制限され、親王と中納言以上に限られた。格式は、椅子は、上に乗って坐っていた。椅子→床子（男子のみ）→草墪（スツール） ○聖武天皇のベッド→斗帳（御帳・帳台）のなかに木製ベッドがあった。上に黒地綿製の畳、褐色地絁の敷布団を使用。地方豪族も斗帳を使用。帳台のなかは寝所と同時にプライベート空間 ●貴族の住居は一棟一機能（機能ごとに建物が別れてていた）。やがて、寝室一室で公的空間は庭→寝室と公的空間としての広縁→寝室と公的空間が一棟のなかに→公的空間の拡大→廻廊によってつながっていく→「寝殿造り」へと展開していく ●ヒノキは神社仏閣専用に	◇朝服色制度 ◇奈良時代中期には、衣服から髪型、クツにいたるまで、男女とも唐の人々の服飾に近い姿になった ◆法隆寺伝法堂では板敷に土足で上がっていた ◆衣服令制定で、貴族は職階により、履・沓・舄・靴・鞋などの各種のクツを履いた ◇衣服令は、718（養老2）年に改撰せられた衣服令制の文官の大礼服で、朝賀、即位の儀式のみに用いられた。中国の唐代の服制に倣ったもので、その伝承は漢代にいたる	△唐僧鑑真和上、砂糖（黒砂糖）をもたらす（754年） △米価の調整をおこなう常平倉（じょうへいそう）設置（759年） △京都での米価高騰に際し、西海道諸国の私米の自由輸送が許可される（765年） △諸国にて、大麦・小麦の栽培奨励（766年） △称徳天皇、五辛（五つの辛い食物）・肉・酒を禁じる（770年）
【平安時代】 794年〜 894（寛平6）年 939（天慶2）年 1053（天喜1）年	平安京に遷都 遣唐使を廃止 天慶の乱 平等院鳳凰堂建立	○床を張ることで隠れ、礎石の装飾がなくなる ○敷物・置畳として使用する畳の登場。建物内部は板敷になり、坐る場所には敷物を敷いた。敷物は、畳・茵（しとね）・	◇庶民の男性は、頭巾に水干姿、直垂姿、裸足が多く、草鞋や草履や下駄を履く ◆土間・風呂場・台所ではゾウリを履き、板の間では	△平安京の東西の市にて、関市令制定。米・麦・塩・醤・索餅・心太・海藻・菓子・蒜・干魚・生魚などの専売開始（794年）

1086（応徳3）年 白河上皇、院政を開始
1124（天治1）年 中尊寺金色堂
1167（仁安2）年 平清盛、太政大臣となる
1168（仁安3）年 厳島神社社殿さらに修築、美を尽くす
1185（文治1）年 壇ノ浦の戦、平氏滅亡。守護、地頭を設置
1190（建久1）年 東大寺南大門再建（重源）
1191（建久2）年 源頼朝、公文所を政所と改称
栄西、禅宗を伝う
1274（文永11）年 文永の役
1281（弘安4）年 弘安の役

※『延喜式』に広席、狭席、短畳や、位による畳の規定が記載（927年）
※『枕草子』に「御座といふ畳のさまして、高麗などいと清か」の記載（1000年頃）
※『今昔物語』に藺笠などイグサ製品の名の記載（1106年頃）
※古代の造営とされる三本の柱を金輪で束ねた直径約3m・全長約48mの巨大柱による出雲大社本殿、七度におよぶ倒壊の記録（平安中期から鎌倉初期）

円座（850年頃）
○貴族は畳、庶民はムシロ・コモが一般的
○身分によって畳の大きさ・厚さ・畳縁の色が定められる
○畳から布団が分化
○天井の出現
○引戸・間仕切りが生まれ、部屋の用途が固定化され、建具が発展していく
○平安貴族独特の発明、几帳が登場
●「寝殿造り」では、中門廊の北側から出入りする（玄関の発生）
◎儀式の場では、倚子（いし）・草墪・台盤（机）に「腰かける」ようになる。屋外の場合は敷物を敷き、履物を脱いで、「坐る」か「腰かける」
○町屋では、土間と板敷床の共存（〜江戸・明治、農家）
●掘立柱建物の住居が全国的に普及
●新しい建築形式の「総柱型」建物登場
○押板・付書院が発展し「書院造」に展開する
●「南がハレ、北がケ」（南半分＝儀式・行事の場。北半分＝人目に触れない生活の場、常居所、寝室＋私的空間）という観念から、対屋に代わって小寝殿（小御所）が生まれ「会所」に発展していく
○平安時代の後期に、貴族社会では畳の敷き詰めが一般化する

素足。貴族は指股のない中国式靴下を着用
◆ワラジ・ゾウリの出現。遣唐使の派遣中止により、日本独自の履物になった
◆高下駄（高足駄）の登場。水汲み・洗濯・排便・泥道の歩行時に用いられた
◇女性の唐衣裳装束の成立
◇平安王朝の重ねの美
◇平安後期になると男女とも装束の一番下に下着として小袖を着るようになる
◆蹴鞠（けまり/しゅうきく）が流行。鹿皮製の鞠を一定の高さで蹴り続け、その回数を競う競技
◇平安の都には唐風の建物が建ち並び、都大路には唐風ファッションの男女が行きかっていた
◇貴族男性の中心的衣服の束帯（そくたい）や直衣（のうし）は、唐風の衣服を大きくゆったりとした形に変化させたもの。女性の

△最澄、永忠らが唐から茶を持ち帰る（805年）
△宮中にて、唐の椅子を用いた立食形式が大宴会に採用される（813年）
△嵯峨天皇の近江韓崎行幸の際、永忠が唐の茶（煎茶）を献上（815年）
△3月3日に、母子草を摘み取り、蒸して草餅をつくる（849年）『日本文徳実録』
△藤原忠通、東山三条ら藤原氏邸にて大饗宴開催。赤木の台盤、銀食器でもてなす（1116年）
△商業が発達、都市では魚・塩・米・油・味噌・野菜などが流通する

西暦（時代／年号）	社会情勢（歴史・※文献）	住生活（◎生活・○室内・●建築）	衣生活（◇衣服・◆履物・＊洗濯）	食生活（△食事・▲炊事）
		○唐紙の国産がはじまり、建具・障屏具に流用 ◎えごま、いぬがやなどの油が灯火に使われる	の衣服の唐衣（からぎぬ）や裳（も）も、唐風の衣服が変化したもの	△栄西が宋から茶を持ち帰り、背振山に植える（1191年）
【鎌倉時代】 1192年〜 1194（建久4）年 1219（承久1）年 1221（承久3）年 1313（正和2）年 1334（建武1）年	源頼朝、征夷大将軍となり、鎌倉に幕府を開く 高野山が備後国大田荘へ半畳一二帖の貢納を命ずる 源実朝、暗殺される。北条氏の執権政治がはじまる 承久の乱 東寺が伊予国弓削荘へ畳四帖、畳筵八枚の貢納を命ずる 建武の新政 ※『方丈記』鴨長明（1212） ※『徒然草』吉田兼好（1331）	○武家屋敷の寝所に畳が敷き込まれる ○椅子と寝台の消滅（内裏の小規模化・儀式の簡略化）→平坐に ○二回目の椅子導入期。中国の規範を移入した禅宗建築によって、磚敷の床・椅子・坐禅のための坐床が生まれる。禅宗文化の広がりにより、禅林は「茶会」に発展し、婆娑羅の茶会と椅子・折り畳み式交椅（こうい）・曲彔（きょくろく）が普及してくる→会所・書院造りに ○引き違いの遣戸（舞良戸）を頻繁に採用 ○貴族・武家住宅で明障子が用いられる ●大陸から渡来した大鋸（おが）、大鉋（だいがんな）が普及 ●柱幅や柱間を基準とする木割技術体系化や設計技術の進展 ●一人挽きの縦挽き鋸や前挽き鋸の登場によって角柱の加工が精確に（丸柱→角柱） ●主殿造りの普及。北側に寝起きする部屋を襖でしきる	◇武家政権誕生とともに、武士たちが平安時代に装っていた狩衣（かりぎぬ）や水干（すいかん）が武家の公服となる ◇源頼朝が着ていた強装束 ◇上級武士の供奉装束の『布衣』 ◇小袖中心の衣生活 ◆平安末期の『伴大納言絵巻』には、都の往来が描かれ、草履や下駄の前身である足駄（あしだ）を履いている人もいるが、ほとんどの人が裸足で歩いている ◆活動的な鼻緒式の履物が隆盛。武士は軍事用に貫。13世紀後半には、ゾウリ職人、差歯下駄が登場	△地方の武士は農業経営のかたわら狩りをして、猪、鹿、兎や鳥など食していた △武士の食事は玄米と一汁一菜程度 △栄西が日本で初めての茶書『喫茶養生記』を著す（1211年） △幕府、酒の売買停止を命じる沽酒（酒の売買）の禁制発令（1252年）

年	出来事	住	衣	食
1338（延元3）年	足利尊氏征夷大将軍となる	◎汲み取り式の便所となり、屎尿は肥料となる ◎木蝋燭、行灯、炬燵が使われるようになる		△「鰻かば焼き」の記録あり（1399年）『鈴鹿家記』
【室町時代】 1392年〜 1397（応永4）年 1399（応永6）年 1460（寛正1）年 1489（延徳1）年 1543（天文12）年 1549（天文18）年 1582（天正10）年 1587（天正15）年 1588（天正16）年	 南北朝の統一 足利義満、金閣寺建立 応仁の乱 寛正の大飢饉 足利義政、銀閣寺建立 種子島に鉄砲伝来 キリスト教伝来 千利休、待庵を建てる 豊臣秀吉、京都北野の大野原にて、九州征伐成功の祝賀会として、北野大茶会開催 豊臣秀吉、刀狩り令を発す ※『海人藻芥』に身分・位階による畳縁の使用規定の記載（1420年） ※『大乗院寺社雑事記』に初めて備後筵の記載（1460年）	○会所の発達により、寄り合いのための空間が専用の建物になっていく ○寝殿造りの要素（床・納戸構・棚）と禅宗寺院の要素（平面構成）・旧仏教寺院の要素（付書院・押板）が融合し、和風室内意匠様式の出発点となる ○書院造りの普及により座敷飾（床・違い棚・付書院・帳台構）が確立される。ここから対面形式の変化が生じ、格式による規定が生まれ、居住機能が他の建物に分離し、饗応作法が複雑化し、大書院に能舞台、小書院に茶室が設けられる ○小さい部屋割りがおこなわれ、畳の敷き詰めがほぼ定着する ◎綿布団の普及により町屋農村にも畳の敷き詰めが広がる（15世紀以降） ◎日明貿易により、明より銅銭多く輸入 ○村田珠光が書院台子の式事を定めて「真の四畳半茶室」形式をはじめる ●武野紹鴎による「行の四畳半茶室」 ●四本柱に囲まれた猿楽の舞台登場（能舞台に発展） ●城郭の造営などにより畳屋町が形成される	◇武士の衣裳は、頭には侍烏帽子（さむらいえぼし）、垂領（たりくび）仕立ての直垂（ひたたれ）形式の衣服が公服となる ◇武士の通常礼装は直垂で絹製であるが、布直垂ともいわれ、一族一門一家を示す文様を大きく置いたので大紋ともいわれるようになった ◇木綿衣類が朝鮮から伝わる（15世紀初め） ◇西陣の誕生 ◇南蛮服の流行 ◇武将たちは鎧の上に陣羽織を羽織る	△貴族の食、武士の食、中国の食が取り入れられ、変革期となり、庶民にも普及 △村田珠光が、禅宗寺院の茶に沿った新しい茶法開始（1483年） △南蛮料理が日本化して、天ぷらが登場 △そうめんづくりが盛んに △茶の湯と懐石料理 △砂糖菓子の普及

西暦（時代／年号）	社会情勢（歴史・※文献）	住生活（◎生活・○室内・●建築）	衣生活（◇衣服・◆履物・＊洗濯）	食生活（△食事・▲炊事）
【安土桃山時代】 1573年～ 1582（天正10）年 1586（天正14）年 1588（天正16）年 1590（天正18）年 1592（文禄1）年 1600（慶長5）年 1602（慶長7）年	織田信長、足利義昭を追放。 室町幕府の滅亡 九州の少年使節渡欧 本能寺の変 豊臣秀吉、小御所にて茶会開催。黄金の茶室披露 豊臣秀吉、刀狩り令を発す 豊臣秀吉、全国統一 文禄の役 関ヶ原の戦い 二条城 広島藩主福島正則が幕府に畳表三五〇〇枚献上	◎織田信長、安土城下に楽市楽座 ○千利休による「草の四畳半茶室」 ○茶道の隆盛により畳の上での所作・作法が確立される ○安土城行幸の間に備後表を使用（1579年） ●豊臣秀吉に命じられ、千利休、待庵を建てる（1582年） ◎南蛮貿易により、椅子・寝台・毛氈が渡来、18世紀半ば以降に、流行する（毛氈は生活に定着） ◎床坐の生活がつづいていく ◎寺内町や豪商の町が自治的都市として栄える ○襖障子の引手金具の細部意匠が発達 ○狩野永徳、襖絵に装飾絵画の様式を完成 ○雨戸が現れ、障子が普及する ○大黒信仰が民間に広まり、大黒柱が民家で使われる	◇武家の正装であった直垂から大紋・素襖（すおう）と次々と簡略な服装がつくられたが、やがてそれぞれが儀式の用となるに従い、平素には素襖の袖を省いた肩衣に袴をはき、小袖を下につけた姿となる ◇武家の妻は、衣服省略の風潮にともない、小袖の上に細い帯を結び垂らし、身分の高い婦人でも、上に打掛（うちかけ）という小袖同形の衣を上から羽織った	△茶の湯の回し飲みを意味する「吸い茶」登場（1586年） △豊臣秀吉が、キリシタン禁令で牛馬の食用を禁じる。秀吉が、京都北野の大野原にて九州征伐成功の祝賀会として、北野大茶会開催（1587年） △文禄の役と大凶作により、米価高騰（1592年）
【江戸時代】 1603年～ 1615（元和1）年 1617（元和3）年 1620（元和6）年 1622（元和7）年	徳川家康、征夷大将軍となり、江戸幕府を開く 大阪夏の陣、豊臣氏滅亡。 武家諸法度 日光東照宮建立 桂離宮創建（～1624年） 幕府が畳表九〇〇〇枚を買	◎庶民の家でも畳の敷き詰めがおこなわれ畳の消費が増大 ●寺社建築を専門とする宮大工、住宅建築を専門とする家大工、指物師、建具師などの職人登場 ●桂離宮でスギ材を使用 ●数寄屋建築の普及	◇直垂形式の衣服の袖がなくなり、簡略化した肩衣や袴形式の衣服が、江戸時代に形式が整えられ、裃（かみしも）となる ◇町人のなかには経済力を蓄え、武家をしのぐ贅沢を	△胡椒を船載したオランダ船が入港（1609年） △奄美大島にて、直川智による砂糖製造（1610年） △奥州仙台藩が、江戸廻米開始（1620年）

	い上げる
1624（寛永1）年	日光東照宮陽明門
1635（寛永12）年	参勤交代制
1637（寛永14）年	島原の乱
1639（寛永16）年	鎖国がはじまる
1684（貞享1）年	安井算哲（渋川春海）、貞享暦をつくる
1687（貞享4）年	生類憐みの令発布
1709（宝永6）年	東大寺大仏殿再建
1716（享保1）年	相撲の土俵の四隅に柱（～1735年）
1776（安永5）年	平賀源内の電気の研究（エレキテル）
1821（文政4）年	伊能忠敬の大日本沿海輿地全図完成
1823（文政6）年	シーボルト来朝、日本人の生活を記録
1825（文政8）年	外国船打払令を発す
1853（嘉永6）年	アメリカ使節ペリーが浦賀に来航
1854（安政1）年	日米和親条約を締結し、開国。この頃、尊皇攘夷運動がおこる
1858（安政7）年	五カ国と修好通商条約を締結
1859（安政8）年	横浜・長崎・箱館に居留地を設定
1860（万延1）年	桜田門外の変
1862（文久2）年	生麦事件
1867（慶應3）年	大政奉還

○数寄屋造りの派生から、畳割が建築の基準になり、畳の規格化がはじまる
○明障子が庶民の住宅に普及し、単に「障子」と呼ばれるようになる
●ヒノキが使えない庶民はスギ材で家普請
●東寺（教王護国寺）に現在日本最大の五重塔（1644年）
◎江戸に「備後表座」がつくられる（1647）
○広島藩出身の宮崎安貞の『農業全書』に備後の藺作法の記載（1697年）
◎親方と職人という階層分化が進み、親方が原料から道具類、衣食住まで貸与する職人制度が確立
●大工技術の普及により礎石建てが一般に
◎庶民の家でも畳の敷き詰めがおこなわれ畳の消費が増大（1700年頃）
●現在の出雲大社本殿造営（1744年）
●仲間組合の設立（1780）
●心柱を上から吊った日光五重塔（1818年）
○武家や豪商・豪農の床の間に唐木（銘木）を使用
◎柱に掛時計、蚊帳を柱に吊る、行灯を掛ける習慣が浮世絵に
◎東海道五十三次（広重）刊行（1833年）
◎幕末に黒船来航にともない、外国人の土足・椅子坐の生活に衝撃を受ける。
●グラバー邸、日本最古の木造洋風建築（1863）

するものも現れた。幕府はこういった町人に対して種々の禁令を出している
◇江戸時代においては武家・庶民を問わず衣服の中心は小袖（こそで）であり、小袖が「着物」と呼ばれるようになる
◇小袖の文様や色、それと小袖を結びとめる帯が江戸のファッションであり、文化となる
◆江戸中期17～18世紀半ばまで、町人文化で下駄やゾウリが発達していった
◆江戸中期には木綿の足袋登場
◇宮中の祭事の十二単は、江戸時代に成立する
◇衣服の主原料として、木綿大いに普及す
◇農民の衣服も、しだいに贅沢になり取締りしばしば下令
◆ハリス、土足のまま江戸城登城（1957年）

△福砂屋、長崎にてポルトガル人直伝のカステラ製造（1624年）
△幕府、農村の酒造・売酒を禁じる酒造禁止令発布。この年寛永の大飢饉があり、諸国の飢饉に際し、百姓の常食米の禁止。また、うどんやそば、まんじゅう、豆腐の販売禁止（1642年）
△三河岡崎にて、八丁味噌（三州味噌）醸造開始（1645年）
△土佐藩にて捕鯨業開始（1652年）
△大坂にて天満青物市場開設（1653年）
△幕府、猪・鹿・狼の販売と食用を禁じる（1689年）
△享保の飢饉。甘藷栽培を奨励（1732年）
△江戸市中にて、すし・そば・おでん・燗酒などの屋台見世流行（1772年）

西暦（時代／年号）	社会情勢（歴史・※文献）	住生活（◎生活・○室内・●建築）	衣生活（◇衣服・◆履物・＊洗濯）	食生活（△食事・▲炊事）
【明治時代】 1868年〜	明治維新。五箇条の誓文 神仏分離令。廃仏毀釈運動おこる	◎富国強兵・殖産興業が進められる ◎文明開化がもてはやされる一方で、地方や農村では江戸時代と変わらずに旧習がつづく。庶民の多くは町家・長屋のような質素な家屋に住む	（＊東京・神田に西洋洗濯店開業）	△タマネギ・芽キャベツ・サクランボ・クレソン・プルーン・ラズベリーなどが初めて移入される
1869（明治2）年	版籍奉還 関所廃止、道路が整備されはじめる 東京府、市中往還掃除令を出して街路へのゴミ投棄禁止と街路上のゴミ掃除を命じる	◎座布団が一般家庭に普及 ◎東京府、市中往還往還掃除令発令 ◎最初の電気掃除機がアメリカで売り出される ●東京・丸の内に煉瓦造の洋館が建てられる。煉瓦造建築の第一号		△通商司が築地牛馬会社を設立。畜産技術の伝習と牛乳・乳製品製造、食肉加工を兼ねて販売 △横浜にて、「アイスクリン」を売り出す
1870（明治3）年	平民の苗字を許す	◎人力車が誕生、庶民の足となる	（＊横浜に西洋の洗濯技術が伝えられる）	△甲府の山田宥教・詫間憲久らがブドウ酒を試作
1871（明治4）年	廃藩置県 郵便事業がはじまる 太陽暦を採用 えた・ひにんの称を廃す 最初の日刊新聞「横浜毎日新聞」創刊	◎官庁で椅子の使用がはじまる ◎散髪、制服、略服、脱刀の勝手令 ◎東京・浅草で舶来ミシンの見世物が人気 ●大阪で江戸時代に禁止されていた町家の二階建てが許される	◇洋服が普及のはじめ ◇袋物師で洋服を裁縫する者が増加	△日本で初めてキャベツ・タマネギ・アスパラガス・テンサイを栽培
1872（明治5）年	新橋―横浜間に鉄道開通 学制公布、義務教育はじまる 各地に官営工場を設置 ※福沢諭吉『学問のすゝめ』	◎横浜で日本初のガス灯点灯 ◎行事・儀式は洋装・立ち式。皇族はすべて洋装・椅子式の生活に ◎東京・大阪で各戸に表札を掲示するよう告知	◇明治天皇、洋服を着て靴を履く ◇新服令公布され、公服が洋服化される	△大阪の渋谷庄三郎、日本人初のビールを製造
1873（明治6）年	徴兵令発布 地租改正条例の布告	◎神奈川県磯子村の堤磯右衛門、フランス人から製法を伝授されわが国初の石鹸		△東京の前田松之助、北海道七重の勧業試験場でバ

		製造に成功		ターを製造
1874（昭和7）年		◎東京銀座の街路に初めてガス灯が点火		△工部大学校、寄宿舎の朝食にパン・コーヒー採用
1875（明治8）年	京都府がゴミ処理所を創設。ミカンの皮は油に、魚獣の腸や骨は肥料にするなどリサイクル	◎清水誠、マッチ製造を開始 ◎大阪で初の市立託児所を設立		△東京の泉屋新兵衛がコーヒーを売り出す。同じ頃、横浜でも発売
1876（明治9）年		◎『家庭叢談』創刊。家庭という言葉が広がる ◎読売新聞社が、家計簿「女房の夜業」を発売	（＊アメリカで世界初のカーペット掃除機つくられる）	△カボチャが市民の食べ物として定着
1877（明治10）年	西南戦争 この頃、自由民権運動が盛んになる	◎愛知県三河地方では、畳使用の家は寺と庄屋だけで、一般家庭はシキワラ ◎各地で博覧会が開催される ●銀座赤煉瓦街／ウォートルス	（＊東京の西洋洗濯店は10軒）	△フランスパンに代わりイギリスの食パン主流に △洋菓子店出現
1878（明治11）年	工部大学校開設	◎神戸で市中にゴミ箱を設置	（＊三井物産、米・ソール社製の電気洗濯機を輸入）	△横浜で飲料水の販売規則を制定
1879（明治12）年	国会期成同盟の設立	◎東京・小石川、本郷、下谷に千川水道が完成	◇明治11年頃から洋風のショールが流行しはじめる	△広島の博進社が缶詰の製造を開始
1880（明治13）年	京都市、塵芥掃除規則を設定	◎知的サラリーマンの増加		
1881（明治14）年		◎東京・麻布区の住民が主体となった麻布水道着工。翌明治15年完成	◇内国勧業博覧会に、左口鉄蔵が国産初のミシンを出品	△東京女子師範学校、調理実習のため賄いをやめ自炊に
1882（明治15）年	「鹿鳴館」開設 日本銀行設立	◎銀座にアーク灯が点灯、市民が初めて電灯を見る ●政府、防火路線上にある民家の屋根の葺き替え貸与制度を開始	◇和洋混合の外套「二重廻し」が流行する	△牛鍋屋「いろは」開店・牛鍋が普及
1883（明治16）年	太政官制廃止、内閣制度創設	●鹿鳴館（外賓接待所）／J.コンドル	◇鹿鳴館ファッション	
1884（明治17）年	鹿鳴館で仮装舞踏会盛行	◎東京・神田に国内初の本格的下水道築造 ●有栖川邸／J.コンドル	◇婦人の洋装盛んとなる	

西暦（時代／年号）	社会情勢 （歴史・※文献）	住生活 （◎生活・○室内・●建築）	衣生活 （◇衣服・◆履物・＊洗濯）	食生活 （△食事・▲炊事）
1885（明治18）年	太政官制廃止、内閣制度創設	◎東京瓦斯会社が設立される ◎横浜で近代的上水道完工、給水開始	◇刀鍛冶の萩野金治郎、初めてミシン針をつくる	▲アメリカのビルダー製造会社、冷蔵庫を販売
1886（明治19）年	小学校令・中学校令の公布 コレラ流行、死者10万人以上	◎モース『日本の住まい』、日本の住まい調査 ◎東京で一般清潔法が施行される ●大阪府、長屋建築規制を定め、不良長屋の撤去開始。日本初の近代的な建築規制	◇白木屋呉服店が洋服部を開設、和服外套を創案、販売する	
1887（明治20）年	所得税法公布 警視庁、塵芥取締規則を定め、各戸にゴミ容器の設置を義務づけ、ゴミ搬出業者を指定	◎東京で電気の公式供給開始 ◎鷗外・漱石の借家 ◎床の間が一般に普及。庶民の家に床の間付き六畳間・八畳間が一般化 ◎この頃、和洋館並列型の屋敷が生まれる ◎この頃、ガス・電気・水道などの生活インフラが整備されはじめる	◇東京・大阪の女学校で洋服の裁縫授業開始 ◇東京に洋服裁縫女学校が多数設立	△「ミツカン酢」発売
1888（明治21）年	国粋保存の声が高まる 造家学会『建築雑誌』創刊 「東京朝日新聞」、「大阪毎日新聞」創刊	◎この頃、ガス・電気・水道などのインフラが整備されはじめる ●明治宮殿建設／T.J.ウォートルス。外観は伝統的木造で、内部は西欧風		△横浜山手で、ドイツ式ビール製法による「麒麟ビール」発売
1889（明治22）年	大日本帝国憲法発布	◎東京と横浜で電話交換業務を開始		
1890（明治23）年	教育勅語発令	◎女子高等師範に技芸科設置、家事の科目を置く		▲『東洋学芸雑誌』でアルミニウムを初めて紹介
1891（明治24）年	足尾鉱毒問題が顕在化、公害の原点	◎『東京朝日新聞』社説で男女の機能的差異を強調、女は家事育児に専念すべきと論述 ◎脚が折り畳める卓袱台（ちゃぶだい）に特許 ●ニコライ堂／J.コンドル	◇イギリスから炭火アイロンが輸入される	△大阪船場にて「バッテラ」考案

1893（明治26）年		◎西洋のブリキバケツが使われはじめる ◎女子就学率40.59% ◎新潟市がゴミ処理を市営化 ◎内務省、市町村に下水・ゴミ処理の実施を訓令	◇文部省、女子の就学促進のため、小学校に裁縫の教科を置くよう訓令	△『時事新報』が家庭惣菜料理を数カ月にわたり掲載。初の連載料理記事
1894（明治27）年	日清戦争	◎不景気で東京市内に空家が増える ◎大阪市上水道完成、給水目標61万人		△ライスカレーが急速に普及
1895（明治28）年	下関条約	◎横浜ガス局、昼のガス供給開始 ◎『読売新聞』アメリカの労働運動紹介 ●造家学会で鉄筋コンクリート造を紹介		△『女鑑』12月号に「ハンバーグビフテーキ」の作り方の初掲載
1896（明治29）年		◎東京で土地の値段が高騰。借家も不足 ●岩崎久弥邸／J.コンドル	（＊東京で初めて粉石鹸が売り出される）	
1897（明治30）年	貨幣法公布（金本位制確立）	◎井戸水を汲み上げる手押しポンプ登場 ◎自動織機の発明（豊田佐吉）	◇この頃から、子供服の洋装化がはじまる	△大阪で『おかず番付』出版。一般に惣菜を紹介
1898（明治31）年	幸徳秋水・片山潜ら、社会主義研究会組織	◎東京市の上水道の一部が完成、日本橋、神田両地区で給水開始 ◎「ハイカラ」という言葉が生まれる ◎『建築雑誌』で、和洋折衷住宅の提案がおこる。例→気候風土論から、伝統的住宅を基本に西洋設備を導入し、住宅全体を一様に折衷。玄関脇に洋風応接間を設け、靴のまま出入りし、一部に使用設備を付加など		▲石油七輪（石油コンロ）発売 ▲富貴竈など改良かまどの新製品が盛ん
1899（明治32）年	高等女子学校令公布、良妻賢母の女子教育が制度的に確立 『反省会雑誌』が『中央公論』に改題	◎東京で全市への水道給水を開始	（＊アメリカで手回し式ランドリー機が開発される）	△銀座「煉瓦亭」がカツレツを考案 ▲中原孝太、鳥取県米子に日本冷蔵商会を設立

西暦（時代／年号）	社会情勢（歴史・※文献）	住生活（◎生活・○室内・●建築）	衣生活（◇衣服・◆履物・＊洗濯）	食生活（△食事・▲炊事）
1900（明治33）年	治安警察法公布 この頃からペストが流行 汚物掃除法公布。清掃、点検を実施	◎高島屋が家具販売、開始	◇アメリカのシンガーミシンが日本に進出	▲日本冷蔵庫商会、初めて本格的な冷蔵庫生産
1901（明治34）年	八幡製鉄所操業開始、軽工業から重工業への転換がはじまる			
1902（明治35）年	この頃、足尾鉱毒事件が社会問題化	◎大隈重信邸新築、台所の先進設備が注目される	◇東京の赤堀割烹教場、割烹着を考案 ◇男性用の小型外套「インバネス」登場	▲東京瓦斯がガス炊飯かまどの専売特許を取得、この頃からガスが炊事に使われるようになる
1903（明治36）年	小学校令改正、国定教科書制度確立 羽仁もと子、夫の羽仁吉一とともに『家庭之友』創刊（のち『婦人之友』と改題）	◎『建築雑誌』で、部屋の通り抜けの不都合（通路部の未確定）・機能の未分化・プライバシーの欠如など、在来住宅批判がおこる（滋賀重列・矢橋賢吉・塚本靖ら） ○手吹きによる板ガラス製造		▲第五回内国勧業博で冷蔵庫が初めて展示される
1904（明治37）年	日露戦争 『婦人画報』創刊／国木田独歩	◎『家庭之友』の付録に家計簿を付ける ◎イギリス・ノッティンガムで真空掃除機展示 ●コンドル自邸／J.コンドル		△村井弦斎『食道楽』がベストセラーに
1905（明治38）年	ポーツマス条約調印	◎大阪瓦斯が開業、市内に初めてガスを供給 ◎中流以上の婦人が台所に入ることが一般化、流し台を立ち式にするなど台所の改良運動が広がる	◇東京・神田に洋服専門の洋裁学校が設立される	▲台所改良運動が広がる

1906（明治39）年	鉄道国有法公布、私鉄17社を国有化 ※『家庭雑誌』／堺利彦　新しい家庭生活の追求	◎名古屋瓦斯が設立される	◇東京にシンガーミシン裁縫女学院が開校 （＊東京・日本橋に洗濯業の白洋舎が開業。日本初のドライクリーニングの研究開始）	△東京・神田の一貫道が「カレーライスのたね」「ハヤシライスのたね」を発売 △パリでフリーズドライ法が開発される
1907（明治40）年		◎名古屋市が初めて大掃除の検査を実施 ◎天野誠斎『台所改良』刊行 ◎シンガーミシンが月賦販売開始 ●福島行信邸／武田五一	◆三越呉服店に靴売場新設。女学生が袴姿に靴を履く姿は珍しくなかったが、日常的に靴を履く市民はまだ少なかった	△東京・築地の帝国冷蔵がアイスボックスを発売 △寿屋（現・サントリー）、大阪にて甘味葡萄酒「赤玉ポートワイン」発売
1908（明治41）年		●岩崎家高輪邸／J.コンドル	◇家庭用ミシンの広告が見られるようになる	▲梅印ガスかまど発売。以後50年間販売がつづく
1909（明治42）年	山手線一部開通	◎電灯数がガス灯数上回る。ガス用途が灯用から熱用へ転換する ●バンガロー式組立洋風住宅「あめりか屋」（橋口信助）開設 ●東京・下谷に二階建ての洋風長屋が建つ。東京における初の洋風長屋 ●朝野総一郎邸／伊東忠太	（＊アメリカのメイタグ社、手動洗濯機を開発）	△和洋折衷料理がますます盛ん △味の素が市販される ▲ガス、コークスが家庭用燃料に使われはじめる ▲東京瓦斯、ガス竈を無料で取り付け
1910（明治43）年	大逆事件 日韓併合 『白樺』創刊／武者小路実篤ほか	●赤坂離宮／片山東熊 ◎電気料金が定額制からメーター制へ ◎「テーラーシステムの家事への応用」三角錫子	（＊丸美屋、ミツワ石鹸を発売）	△婦人雑誌が月間・年間の参考献立の掲載はじめる
1911（明治44）年	野口英世、梅毒スピロヘータ純粋培養に成功 「今日は帝劇、明日は三越」 『青鞜』創刊／平塚らいてうほか	◎『婦人之友』が台所設計の懸賞募集を実施 ◎東京湾のゴミ埋立て工事がはじまる ●公営住宅建て替え事業が制度化される ●松本健次郎邸／辰野金吾	◇師範学校の裁縫科が家庭科から独立	△カツレツが家庭料理として定着

西暦（時代／年号）	社会情勢（歴史・※文献）	住生活（◎生活・○室内・●建築）	衣生活（◇衣服・◆履物・＊洗濯）	食生活（△食事・▲炊事）
【大正時代】1912年～	明治天皇崩御	◎全国49都市にガスが普及 ◎都市への人口集中による住宅需要の増大が畳をより大衆化 ●スチールサッシの製造開始		△東京帝大教授本多静六が『婦人之友』で、米価高騰を調節する有力手段としてパン食を奨励
1913（大正2）年	憲政擁護運動がおこる	◎東京市内に電灯がほぼ普及 ◎手動式の塵芥吸収掃除機「バキュームクリーナ」が発売される。一台60円	（＊花王石鹸〈現・花王〉、水石鹸発売）	▲『婦人之友』が調理台の懸賞募集を実施
1914（大正3）年	第一次世界大戦はじまる 東京・上野公園で東京大正博覧会開催	●住宅の改良が多数試みられる ◎この頃から、生活の改善が叫ばれはじめる板ガラスの製法が発達し、全面ガラス戸や窓が国産化 ●東京駅／辰野金吾	◇国産の蒸気アイロン登場（＊花王石鹸、粉石鹸発売）	▲燃料としてガスが石油を駆逐
1915（大正4）年	中国政府に二一か条の要求	◎衣食住の新しいあり方を展示した「家庭博覧会」（国民新聞社主催）で、入沢博士・羽仁もと子・伊藤忠太・遠藤新らによる提案がなされた ●文化住宅の評価が定着。和風住宅の玄関脇を洋間にする建物が流行 ●新宮の自邸／西村伊作	◇『婦人之友』割烹着を発表・普及	△丸十パンの田辺玄平、イースト種によるパンの製造に成功。誰でもパンが焼けるようになる ▲西尾正左衛門「亀の子束子（たわし）」の特許取得
1916（大正5）年	吉野作造が「民本主義」を唱え、大正デモクラシーと呼ばれる民主自由主義の考え方が広まる 『婦人公論』創刊／中央公論社 住宅専門誌『住宅』創刊／住宅改良会	◎「住宅改良会」設立（橋口信助・三角錫子）、「二重生活」廃止がテーマ ◎芝浦電気が電気扇を発売 ●あめりか屋、バンガロー住宅を集中的に雑誌で紹介・建設盛ん ●長崎の軍歌島に、日本初の鉄筋コンクリート造の高層集合住宅を建造	（＊アメリカで初めて近代的な洗濯機を開発）	▲「亀の子束子」全国に普及 ▲大阪朝日新聞社、台所設計コンペを開催 ▲大阪割烹学校で初の電気料理実験

1917（大正6）年	この頃から、労働争議が活発になる ※『主婦之友』創刊 ※『家屋耐震構造論』／佐野利器	◎『住宅』の記事中に、初めて「家族本意」の言葉が確認できる ●住宅改良会主催の住宅競技で「中廊下型住宅」が入選を独占 ●古河邸／J.コンドル ●林愛作邸／F.L.ライト	◇アイロン台が商品化される	▲家庭で電気七輪・アイロン・ストーブなどの家電製品が使われはじめる
1918（大正7）年	富山県で米騒動、全国に波及 市街地建築物法公布　六大都市に適用 ※「涼しい住宅」／井上秀子／『住宅』 ※「コッテージ風の様式家屋」／内田魯庵／『住宅』	◎玉川水道給水、郊外水道のはじまり ◎東京で衣食住に関する家事科学博覧会開催 ◎松下幸之助が二股ソケットを発明 ◎田園都市株式会社設立、洋風住宅を中心とする街並みの形成 ◎文部省主催「家事科学博覧会」開催		△米騒動以降、パン食が米飯の代用品として定着 ▲住宅改良会、台所設計コンペを実施
1919（大正8）年	パリ講和条約 市街地建築物法公布、六大都市に適用 ※『改造』創刊／山本実彦 ※『楽しき住家』／西村伊作	◎文部省主催「生活改善展覧会」開催 ◎生活が改善されない原因に、経済思想の欠如・虚礼虚飾による因習的生活の蔓延・床坐から椅子坐の二重生活の蔓延などが指摘された ◎東京市、ゴミを肥料とするもの、燃料とするもの、捨てるものの三つに区分		△蛋白質、ビタミンなどの補給栄養剤が流行
1920（大正9）年	戦後恐慌 平塚らいてうらが新婦人協会結成 都市計画法施行 日本初のメーデー	◎上野公園で日本初のメーデー開催 ◎第一回国勢調査が実施される ◎「生活改善同盟会」発足（佐野利器・田辺淳吉・今和次郎・大江スミ子ら）、改善運動を啓蒙。 ◎坐式生活は非能率的・時間を浪費・活動に不適・衛生面で不利・椅子式は世界	◇日本でガスアイロンが使用される ◆玄関でのスリッパの着用（＊ライオン石鹸、日本初の植物性洗濯石鹸を発売）	△ガラス製振出し式食卓容器入り「味の素」発売 ▲東京でガス不足が深刻化。圧力が下がり、食事の支度もできないと社会問題に

西暦（時代／年号）	社会情勢 （歴史・※文献）	住生活 （◎生活・○室内・●建築）	衣生活 （◇衣服・◆履物・＊洗濯）	食生活 （△食事・▲炊事）
		共通の生活法などの理由から、住宅は漸次椅子式に改め床坐から椅子坐への改善等が目標とされた。また、玄関での立礼式挨拶なども推奨された ◎大阪で生活改善博覧会が開かれる ●分離派建築会 ●名古屋。、仙台で市営住宅を建設 ●自由学園／F.L.ライト		
1921（大正10）年		◎生活の洋風化が本格化しはじめる ◎松下電器器具製作所が二股ソケットの第一号を発売 ◎大阪電灯会社が、家庭用電気普及のため、心斎橋に日本風モデル家屋を開設	◇蛇の目ミシン、国産初の世界標準型ミシン製作	▲炊飯電熱器が発売される
1922（大正11）年	※甲斐久子『生活改善・系統的家政講話』刊行 ※『生活を芸術として』／西村伊作	◎『婦人之友』オール電化の「電気の家」紹介 ◎田園都市株式会社、宅地開発し分譲開始 ◎東京・本郷の市営住宅募集40戸に、応募者（3,500人）が殺到 ◎東京市衛生課がし尿汲み上げタンク自動車を考案 ◎「平和記念東京博覧会」において「文化村」と呼ばれる14棟の本邦初の住宅実物展。以降「文化住宅」という名称が生まれる ◎日本建築協会「住宅改造博覧会」開催 ●帝国ホテル／F.L.ライト	◇子供服の需要が本格化 ◇東京裁縫女学校に専門部が設置される。初の裁縫高等教育	△江崎グリコ、森永ドライミルク発売 △ライスカレー、コロッケ、トンカツなど、日本食化した洋食が家庭に普及 ▲アメリカ製の家庭用電気冷蔵庫が輸入される ▲鈴木式高等炊事台が実用新案登録

1923（大正12）年	関東大震災 帝都復興審議会・帝都復興院設置 婦人参政権獲得期成同盟会結成 『文藝春秋』創刊／菊池寛	◎東京市、バラックの居住者は85648人と発表 ◎財団法人同潤会設立 ◎震災後に東京の生活様式の洋風化が促進された ●丸の内ビルディング（丸ビル）完成 ●レーモンド邸／A.レーモンド	◆洋装化にしたがって、靴生活が普及していった （＊電気洗濯機が初めて輸入される）	▲震災の火災被害が甚大で、電気・ガスの安全性が確認される
1924（大正13）年	「大阪朝日新聞」「大阪毎日新聞」ともに発行部数100万部突破 「マルクス主義」創刊	◎大阪に市内一円均一タクシー登場 ◎婦人参政権獲得期成同盟会結成 ◎東京・女学校校長会で「指が太くなるから」と家事を嫌がる女生徒の増加が話題になる ◎文化住宅、文化包丁、文化鍋など、「文化○○」が流行 ◎電気掃除機が初めて輸入される ●東京・小石川の高級住宅分譲地「大和村」開設 ●山邑邸／F.L.ライト・遠藤新	◇ワンピース型簡単服あっぱっぱ流行	△日清製油、国産初のサラダ油を発売 ▲渡辺正則発明の亜硫酸ガス式電気冷蔵庫発売
1925（大正14）年	治安維持法公布 普通選挙法公布 山手線環状運転開始 東京放送局、ラジオ放送開始 『家の光』創刊／産業組合中央 ※『女工哀史』／細井和喜蔵	◎東京に家庭生活のすべてを電化した文化住宅が出現 ◎佐野利器『住宅論』で「椅子式生活は溌溂たる気分で生活能率がよい」と椅子坐を推奨 ●「田園都市」設計競技／阪堺電鉄 ●伊達邸／蔵田周忠 ●森本厚吉「（お茶の水）文化アパート」（W.M.ヴォーリズ）を提唱	◇洋裁ブーム。新聞にも洋裁塾、洋裁学校の広告が盛ん ◇モダンボーイとモダンガールの登場	

西暦（時代／年号）	社会情勢 （歴史・※文献）	住生活 （◎生活・○室内・●建築）	衣生活 （◇衣服・◆履物・＊洗濯）	食生活 （△食事・▲炊事）
【昭和時代】 1926年〜	大正天皇崩御	◎和洋折衷への軌道修正がおこなわれ、文化住宅の見直しがはじまる ◎大阪で電気大博覧会開幕、電熱器に人気集中 ◎東京電灯、電気の需要拡大のため電気七輪の貸し出しをおこなう。一カ月70銭で二年使えば無料進呈 ○一般家庭にガラス戸が大流行 ○畳を縫い上げる縫着機を開発 ○銘木が一般家庭の床柱に ●同潤会、アパートを建設・供給、代官山、青山、向島ほか。水道・電気・ガス・水洗便所完備の本格的近代アパート完成 ●紫烟荘／堀口捨己	◇木村慶市『裁断研究』（日本毛織物新報社）刊行。これにより裁断のできる人が急増 ◆明治以来、軍需産業として成立していた製靴業が平和産業として再出発する	△大阪、浦上商店（現・ハウス食品）が家庭用カレー粉「ホームカレー」発売、家庭で手軽にカレーをつくれるようになる ▲関東地方で、立ち式台所が普及しはじめる ▲パンが焼けると電気が切れる、焦げない自動電気パン焼き器が発明される
1927（昭和2）年	金融恐慌はじまる 上野―浅草間に日本初の地下鉄が開通 東京のタクシー「円タク」時代 モボ・モガ全盛	◎職業婦人が増える ◎内閣初の家計調査によると、一世帯の平均月収は130円95銭。支出は食費30%、住居費20%、衣料費10%、交際費25%、文化費15% ◎文化住宅設計家木檜恕一、「台所を兼ねる食事室」を勧める ●日本インターナショナル建築会設立 ●同潤会、勤人向分譲住宅の建設開始 ●聴竹居／藤井厚二	◇モボはおかま帽子、髪はオールバック、縞や格子の洋服にラッパズボン、モガはショートスカートにハイヒール、赤い口紅で、髪は断髪 ◇レディメイドの和服が売り出される ◇松下電器産業、ヒーターを鉄板で包んだ電気アイロン発売。3円20銭	△「パンとチチを召し上がれ」朝食にパンという考え方がはじまる ▲主婦之友社、台所設計コンペを主催
1928（昭和3）年	NHK、ラジオ全国放送開始 ※藤井厚二『日本の住宅』で床坐・	◎卓袱台が各家庭に普及する ○ヨーロッパ・インテリアブーム	（＊東京府立第一高女の家入たけ子教諭、農村婦人向	△『家庭料理法大全』オムライス登場

	椅子坐の融合を提案 ※山田醇『家を建てる人の為に』で気候と習慣を考慮した保健的住宅を提唱	○フランス家具装飾展開催（三越主催） ○「型而工房」結成、新時代の生活工芸をいかに生産するかがテーマ ◎生活改善同盟会『新しい台所と台所道具』刊行	けに『洗濯の仕方』を刊行。近代的洗濯の普及に貢献）	▲アメリカのGE社とケネルヒーター社製の電気冷蔵庫が輸入される
1929（昭和4）年	ニューヨーク株式大暴落 世界恐慌はじまる（～1933）	◎「大学は出たけれど」就職難深刻 ◎「住宅取得費用指数」が1.1で最低 ◎東京・日本橋の白木屋が「10徳品」を発売する ●朝日新聞主催「朝日住宅展覧会」開催、建売住宅の先駆け ●武田五一自邸／武田五一	（＊白洋舎の五十嵐健治『家庭新洗濯法』刊行）	△寿屋（現・サントリー）、国産ウィスキー第一号発売 ▲ガスの食パン焼き器登場
1930（昭和5）年	◎世界恐慌が日本に及ぶ（昭和恐慌）	◎大衆映画・演劇の黄金時代 ◎エロ・グロ・ナンセンス ◎大阪市水道局、上下水道の塩素滅菌をはじめる ●大阪・下寺町集合住宅が竣工。鉄筋コンクリート造による市営住宅のはじまり ●新興建築家連盟結成 ●独身女性用の同潤会大塚女子アパート／同潤会 ●大阪の三越、デパートで初めて住宅を発売	◇『主婦之友』に洋裁の掲載がはじまる （＊東芝、国産第一号電気洗濯機発売）	▲東芝、国産第一号電機冷蔵庫を発売
1931（昭和6）年	満州事変	◎東北・北海道、冷害・凶作が深刻化。栄養不良児や身売りが続出 ◎東芝、国産第一号電機掃除機を発売 ◎建築学会（「椅子式と床式の和洋折衷は住宅必然の本態」）や婦人雑誌（「便利で	◇国産の直線電気ミシンが登場	

西暦（時代／年号）	社会情勢 （歴史・※文献）	住生活 （◎生活・○室内・●建築）	衣生活 （◇衣服・◆履物・＊洗濯）	食生活 （△食事・▲炊事）
		住みよい規範的な中流住宅」）が和洋折衷住宅を推奨。他方で、先進的な椅子式の導入も新建築工芸学院等でおこなわれた ◎東京瓦斯が「早わき釜」風呂を発売		
1932（昭和7）年	五・五一事件、政党内閣終わる 満州国建国	◎全国の大学生18万人が就職難 ●下村邸／W.M.ヴォーリス	◇暑さであっぱっぱ大流行 ◇東京・日本橋の白木屋で火災、女性のあいだで下着着用の声がおこる	
1933（昭和8）年	国際連盟脱退 ヨーヨーが大ブーム	◎「東京音頭」熱狂的に流行 ◎国産電機掃除機（アップライト式）が登場 ●関西に郊外電鉄会社、沿線住宅地で次々とアパート経営をはじめる ●同潤会、職工向分譲住宅の建設開始 ●軽井沢夏の家／A.レーモンド	◇三菱電機、日本初の本格的ミシンの量産を開始	▲ガスが家庭用燃料として一位になる（ガス灯はほとんど廃止）
1934（昭和9）年	日米国際無線電話開通 『建築知識』創刊 中井正一、武谷三男『世界文化』創刊 ※「乾式工法の研究について」／市浦健／『新建築』	◎東北地方冷害で大凶作、欠食児童増加。子女の身売り5万人突破 ●東京市内でアパート建設が急増 ●ブルーノ・タウトが数寄屋の美を称賛／「近代的住宅」／B.タウト／『婦人之友』 ●江戸川アパート／同潤会 ●岡田邸／堀口捨己	（＊花王石鹸、家事科学研究所を開設、家庭生活の科学化を目指し、家庭科学研究所〈所長・井上秀子〉が設立）	▲「健康鍋」という圧力鍋が登場 ▲荻野式簡易皿洗い機登場。ただし定着せず、主流は相変わらず束子（たわし）
1935（昭和10）年		◎東京電力の電灯供給が1000万灯を突破 ◎大阪市内に居住する者が10年前と比べ10%以上減少、緑と空き地を求めて郊外に住むサラリーマンが年々増加		▲花王石鹸、磨き粉のクレンザーホーム発売 △冷凍食品普及会が設立される

		◎喫茶店が東京市内だけで一万店 ●一般住宅にガラス戸が普及 ●山脇巌自邸／山脇巌 ●谷口吉郎自邸／谷口吉郎 ●土浦亀城自邸／土浦亀城		
1936（昭和11）年	二・二六事件	◎「文化湯沸かし器」登場 ◎アルマイトの弁当箱が大流行 ●日向別邸／ブルーノ・タウト ●杵屋別邸／吉田五十八 ●吉屋信子邸／吉田五十八	（＊東京・平井にライオン洗濯科学研究所設立。川崎市の白洋舍工場で洗濯科学博覧会開催。この頃主婦のあいだに科学的洗濯法の研究盛ん）	▲一度に八升の水を沸かせる文化湯沸かし器登場 ▲木桶の蛇の目状の電熱線をはめ込んだ電気釜が登場
1937（昭和12）年	日中戦争はじまる	◎「白米食はやめましょう」 ◎全国で千人針・慰問袋作りが盛ん ◎電気掃除機の普及台数6610台 ◎戦時下の耐乏生活がはじまる ●東京市、郊外住宅地に必ず緑地帯を設ける計画を実施 ●馬場邸／吉田鉄郎 ●小林邸／山口文象	（＊電気洗濯機普及台数3197台、電気アイロン3,131,000台） ◇非常時の婦人服としてもんぺが奨励される ◇学習院で、学生服を採用	▲家庭用電気冷蔵庫の普及、1万2215台、家庭用ポンプ20万2300台
1938（昭和13）年	国家総動員法公布	◎ガスの消費規制がはじまる ●同潤会がこの年までに507戸の勤人向住宅を東京・横浜の18カ所で分譲 ◎大阪の主婦のあいだで共同炊事がはじまる。キリスト教信者から近隣の家族へ広がり三回の食事を配給。炊事から解放された主婦は内職に	◇商工省の染料価格統制、男子用服地はカーキ色、女子用服地は十種類以内に ◇国産ミシンの生産が活発になる （＊花王石鹸が「エキセリン」発売）	▲陶製鍋・竹製スプーン・木製バケツなど代用品が多くなる
1939（昭和14）年	国民徴用令公布 第二次世界大戦はじまる 地代家賃統制令公布	◎「敵機を受けるか、銅鉄出すか」金属製品供出、陶製鍋など代用品が登場 ●住宅難、アパート増大	（＊石鹸の生産量が264,889tとピーク）	△白米禁止令実施 △栄養価の高いイナゴの佃煮とコロッケを奨励

西暦（時代／年号）	社会情勢（歴史・※文献）	住生活（◎生活・○室内・●建築）	衣生活（◇衣服・◆履物・＊洗濯）	食生活（△食事・▲炊事）
	『現代建築』創刊 ※『日本美の再発見』／ブルーノ・タウト	●和風建築の素朴な造形への回帰が試みられる ●同潤会、職工向普通分譲住宅を発売 ●若狭邸／堀口捨己		△食料品の闇取引が増える
1940（昭和15）年	日独伊三国軍事同盟を締結 大政翼賛会発足 家屋税法公布 住宅対策要綱決定	◎「贅沢は敵だ」の立て看板設置 ◎隣組が全国的に組織化される ◎家庭用電気器具の一部が使用禁止される ●笠間邸／前川國男	◇国民服が制定される	
1941（昭和16）年	真珠湾を攻撃、太平洋戦争はじまる ※西山夘三／『建築と社会』食寝分離論	◎戦時下の住宅難の社会問題化や労働者住宅の建設の必要により、昼間は食事室や居間になり、夜は布団を敷いて就寝室に、床坐が容認されてくる（建築学会「庶民住宅の技術的研究」） ◎東京市がゴミ利用運動を開始 ◎商工省主催「国民生活用品展覧会」 ◎洋机・坐り机が一般家庭に普及 ●住宅営団設立（国民住宅）、同潤会解散 ●国民住宅／住宅営団 ●前川國男自邸／前川國男		△六大都市で米穀の配給通帳制・外食券制を実施 ▲商工省、一般家庭用のガス使用量を制限
1942（昭和17）年	ミッドウェー海戦で敗退 「欲しがりません勝つまでは」	◎小さくてもよいから食事室を優先的に確保する庶民住宅の供給をめぐる試みも提案される（西山夘三「食寝分離論」） ●パネル式組立構造試作家屋／住宅営団研究部	◇衣料品の点数切符制実施（＊灰汁・ムクロジの実など代用洗剤が登場）	△味噌・醤油・塩の配給制実施
1943（昭和18）年	学徒出陣がはじまる	◎ガス・電力の消費規制が強化される ◎束子（たわし）にトウモロコシ・杉・	◇家庭用ミシンの生産禁止	▲商工省、ガスの消費規制で共同炊事を奨励

		竹の皮を使用 ●住宅営団、庶民住宅を七段階に限定		△米の搗き減りを防ぐため配給米を五分搗き米に
1944（昭和19）年	東京空襲がはじまる	◎建物の強制疎開、学童集団疎開が始まる ◎25歳未満の未婚女子を勤労挺身隊として動員		△東京都、雑炊食堂開設 △柿やリンゴの皮などを用いた戦時用パン出現
1945（昭和20）年	大阪・東京大空襲 広島・長崎に原爆投下敗戦、無条件降伏、ポツダム宣言 マッカーサーが民主化五大改革を要求 GHQ、民主化指令・財閥解体指令 住宅緊急措置令公布 『建築雑誌』復刊	◎東京都、木炭の代わりに草炭を配給 ◎戦後の耐乏生活がはじまる ◎衣服を食料に代える「タケノコ生活」 ◎都市に闇市が氾濫 ◎戦災復興院設立（復興住宅建設基準委員会委員長・佐野利器）。住宅緊急措置令公布 ◎住宅不足、全国420万戸。住宅300万戸建設五カ年計画 ●プレハブ住宅が誕生 ●30万戸の越冬住宅大量建設	◇アルミ製盥（たらい）が登場、大好評に ◆明治以来、軍需産業として成立していた製靴業が平和産業として再出発する	△バラックの雑炊食堂が急増 ▲大都市以外のガス供給が停止 ▲飛行機の余剰軽金属で作ったパン焼き器が流行 ▲鉄カブトを鍋に変える町工場が大繁盛
1946（昭和21）年	天皇、人間宣言 農地調整法改正（第二次農地改革） 臨時建築制限令公布　不急建築制限 バラック令（戦災都市建築物制限） 『改造』『婦人公論』復刊／『世界』『展望』『りべらる』創刊／『新建築』復刊／『建築文化』『新住宅』創刊／※長谷川町子『サザエさん』連載開始	◎住宅営団閉鎖、住文化協会設立 ◎GHQから、2万戸の占領軍家族住宅の建設を命じられる ◎GHQの要請で家電メーカーが扇風機の生産、冷蔵庫の開発製造に着手 ◎大戦後のアメリカの影響と住宅建設の増大により、住まいは洋風化へと推移	◇ドレスメーカー女学院、授業を再開	△食料メーデー ▲簡易電熱器（渦巻きニクロム線）、家庭の必需品となる

西暦（時代／年号）	社会情勢 （歴史・※文献）	住生活 （◎生活・○室内・●建築）	衣生活 （◇衣服・◆履物・＊洗濯）	食生活 （△食事・▲炊事）
1947（昭和22）年	日本国憲法施行 教育基本法・学校教育法公布。労働基準法公布。改正民法公布（家制度廃止） 六・三・三・四制、男女共学の学制改革 第一次ベビーブーム ※浜口ミホ「玄関という名前を廃めよう」『建築文化』 ※NHK『向う三軒両隣り』放送開始	◎臨時国勢調査、総人口7810万人余 ◎西山夘三『これからのすまい』で、床座と椅子坐の問題・二重生活の単純化・新しい家具と設備の採用・家事労働の合理化を考慮した新しい起居様式を提唱 ●新日本建築家集団（NAU）創立 ●臨時建築等制限規則制定、12坪以上の住宅新築及び増改築禁止 ●「プレモス」／前川國男、プレハブ住宅の提案 ●組立鉄筋コンクリート住宅／田辺平学 ●クラケンC型組立住宅／倉敷絹織	◇衣料品の切符制が復活 ◇更生服製作盛ん、女性のスカート増加 ◇東京都、家庭内職用ミシンの貸し出しをはじめる ◇『装苑』復刊	△小学校で給食が再開される △パン食普及のため、七大都市の各家庭にベーキングパウダー200gを配給 ▲電力の割当制実施、電熱使用を配給制に
1948（昭和23）年	極東軍事法廷、A級戦犯25人に有罪判決 行員を毒殺した帝銀事件 『美しい暮しの手帖』創刊、昭和26年に『暮しの手帖』と改題 ※「生活最小限住居に就いて」横山尊雄 ※『家政のあり方』今和次郎	◎東京・都営住宅が初の公開抽選 ◎「畳は湿気る、水に弱い、ほこりや黴菌の巣、掃除しにくい、畳は落第、板の間の勝」「板張＝坪1000～2000円、畳＝坪2400円」など、『美しい暮しの手帳』が洋風椅子坐生活を啓蒙 ●戦後初の鉄筋コンクリート造の「都営高輪アパート」（和八畳・和六畳・台所・水洗トイレ）／東京都建築局 ●東急電鉄不動産部、三坪住宅を販売 ●新建築社が12坪・15坪国民住宅のコンペ	◇洋裁学校が急増、2000校が開校 ◇この頃より電気パーマが普及し、洋服にパーマが女性の流行スタイルとなる	▲都市ガスの供給が再開される ▲東京都、都内の家庭にナベとヤカンを希望配給
1949（昭和24）年	1ドル360円の単一為替レート実施	◎坐る暮しから腰掛ける暮しへ『美しい暮しの手帖』	◇編み物流行、婦人雑誌に編み方の付録	▲ガスの24時間供給再開 ▲電気オーブン、パン焼き

	日本工業規格（JISマーク）制定 湯川秀樹、ノーベル物理学賞を受賞 ※漫画『ブロンディ』「朝日新聞」に連載 ※太田博太郎『図説日本住宅史』、浜口ミホ『日本住宅の封建性』	◎資源庁、ガス使用料の無制限許可を発表 ◎蛍光灯など照明器具が市販される ◎公務員の勤務時間が週48時間 ●臨時建築制限規則改正、30坪以下の住宅は届け出のみに ●都営戸山ハイツ1053戸完成 ●GHQ米軍兵舎用の払い下げ資材で建設された戦後アパート第一号／木造一棟二戸平屋	◇東洋レーヨンは米国デュポン社と提携してナイロン靴下を製造・販売する ◇『ドレスメーキング』創刊	器発売
1950（昭和25）年	朝鮮戦争おこる 特需景気で日本の経済復興がはじまる レッドパージはじまる 『国際建築』『建築技術』創刊	◎女性の平均寿命が60歳を超える ◎東京都営住宅の建設戸数が26145戸となるが、都内の宿無し世帯はいまだ39万戸の状態 ●住宅に関する制限が全面解除 ●建築基準法公布、住宅金融公庫発足 ●立体最小限住居No.3／池辺陽	◇倉敷レーヨンがビニロンの生産を開始	▲タイガー、ワンタッチ式卓上魔法瓶を発売 ▲愛知工業（現・サンウェーブ工業）、ハンダ付けによるステンレス流し台を発売
1951（昭和26）年	サンフランシスコ講和条約・日米安全保障条約調印 公営住宅法公布 『モダンリビング』創刊	◎松下電器、家電業界初の月賦販売会社を設立、各社がつづく ●住宅金融公庫『木造住宅平面図集』大一集刊行 ●51-C型／吉武研究室（吉武泰水・鈴木成文） ●森博士の家／清家清	◇東洋レーヨンがナイロンの生産を開始 （＊鉱油系合成洗剤がライオン樹脂（現・来オウン）から発売）	▲大阪瓦斯、オーブン炊飯器付き卓上レンジ開発
1952（昭和27）年	GHQ廃止 第一次家電ブームがおこる 羽田空港返還。東京国際空港に ※『鉄腕アトム』手塚治虫	◎本田技研、原付自転車「カブ」発売 ◎早川電機、白黒テレビ三種を生産開始 ◎家庭電化製品の普及率、ラジオ67.6%、アイロン38%、コンロ23.5%、裁縫ごて1.8% ◎相撲の土俵の四本柱が取り払われ、宙	◇透けるナイロンブラウスが流行する	▲東芝、ターンオーバー式トースターを発売 ▲一般家庭用小型冷蔵庫発売

西暦（時代／年号）	社会情勢（歴史・※文献）	住生活（◎生活・○室内・●建築）	衣生活（◇衣服・◆履物・＊洗濯）	食生活（△食事・▲炊事）
		吊り屋根に ○塩化ビニル樹脂製の畳表登場。長持ちさせるためだったが、問題が多かった ●ローコスト住宅／RIA建築綜合研究所 ●増沢洵自邸／増沢洵		
1953（昭和28）年	吉田茂首相、バカヤロー発言で国会解散 街頭テレビが話題となる	◎サラリーマンの平均月収2万6000円（総務庁家計調査） ◎電化ブーム到来により、床にしゃがむ姿勢からの解放 ◎NHKがテレビの放送開始。日本テレビ、民間初の本放送 ◎東京・青山に日本で最初のスーパーマーケット「紀ノ国屋」が開店 ●女性建築家集団PODOKO結成 ●SH-1（広瀬鎌二自邸）／広瀬鎌二 ●丹下健三自邸／丹下健三	◇ミシンの年産が150万台を突破 （＊三洋電機、わが国初の噴流式電機洗濯機を発売） （＊花王石鹸、科学洗剤「ワンダフル」を発売）	△家庭用冷凍食品登場 ▲手動ポップアップ式トースター、ミキサー発売 ▲電池式のガス点火器、爆発的に売れる
1954（昭和29）年	鳩山一郎内閣誕生、内政のトップに住宅問題を掲げた初の内閣 ビキニ水爆実験で第五福竜丸が被爆 ※『暮しの手帖』が商品テストを開始	◎テレビ・電気冷蔵庫・洗濯機が「三種の神器」と呼ばれる ●東京都、簡易耐火構造の平屋建て都営住宅を着工。以後、木造に代わるものとして大量に建設される ●久我山の家／篠原一男 ●清家清自邸／清家清		▲プロパンガスが家庭に普及しはじめる ▲サンウェーブ工業、ステンレス薄板溶接によるステンレス流し台を開発
1955（昭和30）年	神武景気はじまる（～1957） 『木工界』創刊（昭和36年に『室内』に改名）	◎日本住宅公団が発足し、2DKの誕生。床式から、椅子式・立ち式へ。この頃から経済発展がはじまる。各地にニュータ	◇日本エクスランがアクリルの生産を開始 ◇昭和30年代になると「ナ	▲東芝、自動炊飯器（電気釜）を発売 ▲ステンレス流し台が文化

	『リビングデザイン』創刊（後に『デザイン』に改名） ※「主婦という第二職業論」石垣綾子／『婦人公論』	ウン誕生 ◎専業主婦の是非を問う第一次主婦論争がおこる ◎水道の普及率37.7% ●パイプハウス／大和ハウス工業 ●志賀直哉邸／谷口吉郎	イトウェアーブーム」到来	生活の象徴になる ▲ジューサー発売
1956（昭和31）年	経済白書「もはや戦後ではない」 国際連盟に加盟 ※『みんなの住い』谷口吉郎	◎わが国初の団地、入居者募集開始（大阪・堺市の金岡団地） ●No.38（石津邸）／池辺陽	◇都心部でのミシンの普及率75% ◇鐘淵化学がアクリル系繊維カネカロンの生産を開始	△テレビに料理番組登場 ▲LPG調理台登場
1957（昭和32）年	なべ底不況はじまる（～1958） 集団就職が活発化 ※『農村の住宅改善』下河辺千穂子 ※「関西とモダンリビング」西山夘三／『新建築』 ※TV「アイ・ラブ・ルーシー」／「パパはなんでも知っている」	◎働く女性、労働者の三分の一を超える ◎ステンレス製流し台付き2DK公団住宅登場、主婦の憧れとなる ◎やぐら式電気ごたつ発売 ◎積水化学工業がポリバケツを発売、花嫁の支度品になる ◎別荘地軽井沢復活 ◎各地で住まい展開催 ●この頃より「ニュータウン」という呼び方が用いられるようになる ●住宅公団の分譲住宅、平屋建て104戸完成 ●ヴィラ・クウクウ／吉阪隆正	◇帝国人造絹糸と東洋レーヨンが共同でポリエステル系繊維テトロンの生産を開始 （＊液体洗剤、ナイロン専用洗剤、青色蛍光剤配合洗剤など、各種の洗剤が登場）	▲ステンレス流し台ブーム ▲電気がまの販売台数100万台突破 ▲東京瓦斯、ガス自動炊飯器を発売 ▲電気ポット発売
1958（昭和33）年	東京タワー完成 フラフープが大流行 『家庭画報』創刊	◎団地族が若い夫婦の憧れ ◎家事代行サービス業のはしり、貸しおむつ登場 ◎富士重工「スバル360」を発売 ●東急不動産、二階建て建売住宅販売 ●スカイハウス／菊竹清訓	◇昭和33年頃にはじまったロックンロールブームによってジーンズが流行しはじめる （＊花王石鹸、洗剤「ワンダフルK」を発売）	△日清製粉、世界初のインスタント麺「チキンラーメン」発売 ▲煙が出ない「フィッシュ・グリル」登場

西暦（時代／年号）	社会情勢（歴史・※文献）	住生活（◎生活・○室内・●建築）	衣生活（◇衣服・◆履物・＊洗濯）	食生活（△食事・▲炊事）
		●吉村順三自邸／吉村順三 ●傾斜地の家／林雅子 ●晴海高層アパート／前川國男		
1959（昭和34）年	皇太子ご成婚（ミッチーブーム） 建築白書「住まいはまだ戦後である」 岩戸景気はじまる（～1961） 『少年マガジン』『少年サンデー』が同日創刊、少年週刊誌時代のはじまり	◎皇太子結婚のテレビ中継をきっかけに白黒テレビ普及、受信契約200万台 ◎通産省、戦後初めて「電力供給に余力あり」と発表 ◎伊勢湾台風以降、壁にトタンが使われるようになる ◎住宅地分譲ブーム ●ミゼットハウス／大和ハウス工業	（＊遠心脱水機登場） （＊電気洗濯機が100万台を突破）	△ライオン油脂（現・ライオン）、「液体ライポンF」を発売。台所用品ブームに
1960（昭和35）年	池田勇人内閣、所得倍増計画発表 安保阻止国民運動が展開される 『建築』『インテリア』創刊 ※『プレハブ住宅』黒川紀章 ※「住宅論」篠原一男／『新建築』	◎都市サラリーマンの生活が洋風化 ◎花王石鹸〈現・花王〉、住まいの洗剤「マイペット」を発売 ◎カラーテレビ本放送開始。東芝、国内初のカラーテレビ発売 ◎レジャーブーム ◎この頃から、食糧の自給率が低下する ●セキスイハウスA型／積水化学工業	◇プレ・タ・ポルテ（高級既製服）登場 ◇「T.P.O」(time,place,occasion)という言葉が生まれる （＊三洋電機が遠心脱水機付き二槽式洗濯機を発売）	△食生活では、魚菜より肉乳卵、清酒よりウィスキーに ▲井上工業、ステンレス流し台「クリナップ」を発売 ▲国産初の自動食器洗い機が登場。しかし高価格と、日本の食器の大きさが多様で普及せず
1961（昭和36）年	ガガーリン「地球は青かった」 高度経済成長はじまる ※「東京計画1960」丹下研究室	◎経済白書「消費は美徳」使い捨ての時代がはじまる ◎トヨタ自動車、大衆車「パブリカ」発売、価格38万9000円 ◎総務庁の家計調査によると、サラリーマンの平均月収は4万5000円 ◎住宅ローン法が法制化	◇帝人が「ホンコン・シャツ」を発売 （＊東京都内に洗剤自動販売機300台が設置される）	△コカコーラの輸入自由化決定 ▲「クレラップ」「サランラップ」発売 ▲ナスステンレスや井上工業など、家庭用の流し台セットを発売

		◎日曜大工ブームがはじまる ◎核家族化が進み、全世帯の68%に ◎東京都清掃局、路上のゴミ箱を撤去し、各家庭のゴミ容器を定時に収集することを決定。ゴミ箱からポリ容器への転換を開始 ●建売住宅が急増		▲国産電子レンジ第一号、業務用として発売
1962（昭和37）年	オリンピック景気 東京都、世界初の1000万都市となる ※『民家』平山忠治 ※「コートハウス論」西沢文隆／『新建築』 ※「住宅は芸術である」篠原一男／『新建築』	◎NHKのテレビ受信契約数が1000万突破、普及率が48.5% ◎スーパーマーケット急増、全国に2700店、翌年5000店 ◎住宅金融公庫、プレハブ住宅に融資決定 ●ダイワハウスA型／大和ハウス工業 ●正面のない家-H／西沢文隆 ●から傘の家／篠原一男 ●軽井沢の家（吉村山荘）／吉村順三		▲東京瓦斯、バランス型瞬間湯沸かし器発売 △山印信州味噌、高速凍結乾燥装置を開発し、即席みそ汁を発売
1963（昭和38）年	公害の被害が本格化し、水俣病等の公害病が深刻になる ※『民家は生きていた』／伊藤ていじ	◎兼業農家が全農家の四割を超える「三ちゃん農業」 ◎プロパンガス利用の家庭が都市ガス利用家庭を上回る ◎トヨタ自販、初のマイカーローンを実施 ◎夫婦共働きが増加、団地族のあいだに「カギっ子」が登場 ●第一次マンションブーム（高級高層） ●呉羽の舎／白井晟一	（＊自動脱水洗濯機発売） （＊電気洗濯機の普及率66.4%）	△日清食品から即席焼きそばが発売され、即席麺が季節に左右されない商品となる ▲電気冷蔵庫の普及率39.1% ▲板金・鉄板を磨く工業用ナイロン束子（たわし）が登場、住友スリーエムがカットして食器用に
1964（昭和39）年	海外観光渡航が自由化に 交通道路網が発達する 東海道新幹線全線開業 オリンピック東京大会開催	◎ダスキン、家庭用の化学雑巾「ホームダスキン」を発売 ○電気カーペット発売 ◎ハーマンミラー社の家具販売はじまる	◇アイビー・ルック「VAN」が流行する ◇「VAN」と並び「JUN」も流行する	▲電気冷蔵庫の国内出荷台数が300万台を超え、第一次黄金時代に。普及率は約47% ▲象印マホービンが魔法瓶

西暦（時代／年号）	社会情勢 （歴史・※文献）	住生活 （◎生活・○室内・●建築）	衣生活 （◇衣服・◆履物・＊洗濯）	食生活 （△食事・▲炊事）
	※『子供部屋不要論』今和次郎 ※『カムイ伝』白土三平（〜1971）	●ミニ開発による過密・極小建売住宅 ●日本ホームズ、2×4工法を導入		の量産開始 ▲オーブントースター登場
1965（昭和40）年	いざなぎ景気はじまる（〜1970） ベトナム戦争激化 朝永振一郎、ノーベル物理学賞を受賞 『SD』創刊	◎2〜3DK住宅にテレビ・ステレオ・応接セットなどの大型高額耐久消費財が普及 ◎住宅公団、バランス型風呂釜、ホーロー浴槽を採用 ◎風呂を備え付けた家庭、全国で67.8%に達する ◎第二次家電ブーム ●日本初の2×4工法による戸建住宅 家から柱が姿を消しはじめる ●台風によるプレハブ住宅の被害多数 ●浜田山の家／吉村順三	◇アンドレア・クレージュ、ロンドンでミニスカート発表 ◇昭和40年代から、カジュアル化・ユニセックス化が進行する （＊松下電器産業、初の家庭用ドラム式電気乾燥機発売）	▲電気冷蔵庫の普及率が50%を超える。冷凍冷蔵庫が主流になり、花柄や木目調ドアがブームに
1966（昭和41）年	総人口が1億人を突破 中国に、『文化大革命』 『住まい』『高層住宅』創刊 ※『コミュニティーとプライバシー』C.アレグザンダー ※「働く女性に落ちついた住居を」／『婦人之友』 ※『巨人の星』梶原一騎・川崎のぼる	◎労務省、ホームヘルパー（昭和35年開始）を3年後には10倍の5000人にすると発表 ◎カラーテレビ・クーラー・カーが新三種の神器（3C時代） ●多摩ニュータウン事業決定 ●大手企業による大規模宅地開発 ●宍戸邸／鈴木恂 ●白の家／篠原一男	◇ビートルズ来日、カリフォルニアにヒッピーコミューン出現など、若者のファッションに影響を与える ◇ミリタリールックが流行	△大蔵省が標準生計費を発表、1日の食費は187.87円 ▲ライオン油脂、「ママレモン」発売 ▲焦げつかないテフロン加工（フッ素樹脂加工）の鍋やフライパンが登場 ▲早川電機、初の家庭用電子レンジ発売
1967（昭和42）年	国民生活白書「国民の九割は中流意識」 大気汚染防止法・騒音規制法の公布	◎セントラルヒーティング10万台突破 ◎女子労働者が1000万人を突破 ◎母親に暴力をふるう子供が急増 ○カーペットが急増。畳の上に絨毯を敷	◇ミニスカートをはいたツゥイッギー来日、ミニスカートが大流行する	▲ナショナル魔法瓶が花柄付きの卓上ポットを発売、ポットに花柄ブームおこる △元禄寿司が、東京錦糸町

	※『都市住宅』平敬一 ※「住宅産業―経済成長の新しい主役」	き、カーテンをかけ応接セットを置いた和室洋室化が流行する ○狭すぎてDKの人気落ち気味 ○住宅公団「3L・DK」採用、リビングルーム流行のきっかけとなる ●塔の家／東孝光		に「まわる回転寿司」開店
1968（昭和43）年	国民総生産（GNP）、自由主義国のなかで世界二位となる パリ五月革命 大学紛争 川端康成、ノーベル文学賞受賞 三億円事件 『都市住宅』創刊 ※『ホールアースカタログ』 ※『ねじ式』つげ義春	◎埼玉県戸田市、ゴミ収集にポリバケツの代わりとして紙袋を実験使用 ○マルニ木工より応接セット「ベルサイユ」発売 ●ニュータウン開発活発 ●第二次マンションブーム（中高層マンション時代）。和室一室の間取りが主流 ●プレハブメーカーが50社を超え「住宅産業」という言葉が生まれる ●初の超高層ビル「霞が関ビル」完成	◇新宿にサイケデリック・ショップ「THE APPLE」を開設、赤坂にゴーゴークラブ「MUGEN」を開設した浜野安宏が、サイケデリックブームを仕掛ける （＊洗濯・すすぎ・脱水を自動的におこなう全自動洗濯機発売）	△大塚食品、初のレトルト「ボンカレー」発売 △食器洗い機、全自動トースターが登場
1969（昭和44）	東名高速道路、全線開通 アポロ11号月面着陸 アメリカで、ウッドストック・ロックフェスティバル ※『住まいと暮らし』『新しい住宅』等住宅雑誌の創刊盛ん	◎一家にテレビが2台以上ある世帯が35.7% ○玄関ドアユニット・出窓ユニット・ユニット家具などユニットもの盛況 ○アルフフレックス・ジャパン設立 ●ヒルサイドテラスA棟（代官山集合住宅）／槇文彦	◇パリで、アンドレア・クレージュが女性のパンツルックの先駆けとなったパンタロン・スーツを発表 （＊家庭用衣類乾燥機登場）	△にんべん、かつおぶしの5gパックを発売 △人工甘味料チクロの発がん性問題がおこる ▲卓上電子レンジ発売 ▲2ドア式冷凍冷蔵庫登場
1970（昭和45）年	大阪で日本万国博覧会開幕 三島由紀夫、割腹自殺 公害問題深刻化 合計特殊出生率2.13（人） 赤軍派「よど号」ハイジャック事件	◎交通事故多発、交通戦争と呼ばれた ◎住宅公団関東支社、ダストシュート廃止 ◎家庭用湯沸かし器が普及 ◎自動車の保有台数が世界の10分の1 ◎電気掃除機の普及率69% ◎住宅公団関東支所、ダストシュートを廃止	◇Tシャツとジーパンという組み合わせが日常着として定着 ◇高田賢三がブティック「ジャングル・ジャップ」をパリにオープン	▲電子レンジに対抗し、ガス高速オーブン開発 △ケンタッキーフライドチキン（名古屋市）、すかいらーく（東京・国立市）の一号店がオープンする。

西暦（時代／年号）	社会情勢 （歴史・※文献）	住生活 （◎生活・○室内・●建築）	衣生活 （◇衣服・◆履物・＊洗濯）	食生活 （△食事・▲炊事）
	『住宅産業』『ハウジング』『家』『a+u』『D&I』『an an ELLE JAPON』（『an an』に改称）創刊 ※『住宅論』篠原一男	◎東京都内のゴミ収集が週三回に ◎「東京国際グッドリビングショー」 ●桜台コートビレッジ／内田昭蔵 ●水無瀬の町家／坂本一成		
1971（昭和46）年	ドル防衛策で東京外為市場大暴落 1ドル308円に改定 『non no』創刊 ※『住居論』今和次郎	◎弱い握力と不器用な手先のため、雑巾を絞れぬ現代っ子が社会問題となる ◎家庭用自動もちつき機が登場 ◎この年、炊飯器の普及率はガス釜47%、電気釜53% ●セキスイハイムM1／大野勝彦 ●松川ボックス／宮脇檀	（＊ダスキン、大阪府吹田市にカーペットや台所を掃除するハウスクリーニング店第一号を開設） （＊津村順天堂、浴槽洗浄剤「バスピカ」発売）	△銀座三越一階にマクドナルド一号店オープン △日清食品、「カップヌードル」発売 ▲象印マホービン、炊いたご飯を長時間保温できる電子ジャーを発売。
1972（昭和47）年	冬期オリンピック札幌大会開催 沖縄が日本に返還される 田中角栄「日本列島改造論」発表、地価高騰へ 第二次ベビーブーム ※「働く夫婦の住まい・住まいの安全性を考える」／『婦人之友』	◎住宅の日照権が認められる ◎水道普及率80.8% ◎日本初のDIYの店が埼玉県に開店 ◎米穀の物価統制令が廃止 ◎兼業農家が急増、専業農家は15%を割る ○倉俣史朗が毎日産業デザイン賞を受賞 ●粟津邸／原広司 ●中銀カプセルタワービル／黒川紀章 ●反住器／毛綱毅曠		▲冷蔵庫の第二次黄金時代。買い換え需要を中心に空前の売れ行き、普及率97%
1973（昭和48）年	変動相場制で円急騰。地価、物価急上昇 第一次オイルショック 経済白書「庭付き一戸建てはもはや夢」 江崎玲於奈、ノーベル物理	◎物価上昇、敗戦直後並みの狂乱物価 ◎建築資材価格値上がりで住宅価格上昇 ◎全国でトイレットペーパーの買い占め騒動がおこる ◎ルームクーラー普及率、約13% ◎海外旅行ブーム、200万人が海外へ	◇三宅一生、パリ・コレクションに初参加 ◇渋谷パルコ、オープン	△千葉県八日市場のタイヘイ、夕食の材料を毎日配達する「出前惣菜」をはじめる ▲象印マホービン、蓋を押すだけで湯が出る「エアポット」を発売

	学賞受賞	◎電話の普及率49.3% ●プレハブ住宅戸数、全新設住宅の17%		
1774（昭和49）年	総理府統計局、「一世帯一住宅は達成された」 佐藤栄作、ノーベル平和賞を受賞 省エネルギー議論活発 建設省、2×4工法認可 ※『日本住宅の歴史』平井聖 ※『がきデカ』山上たつひこ	◎電気料金、平均56.8%値上げ ◎日本初のコンビニ、セブンイレブン開店 ◎週休二日制、民間企業の50%で実施 ◎高校進学率が90%を、大学進学率が32.2%を超え、教育ママ誕生 ●新設住宅着工数131万6000戸。前年費30.9%減、建設ブーム終わる ●岩倉邸「連立住宅」ROW／竹山実 ●原広司自邸／原広司 ●コンバスシリーズ／長谷川工務店	◇山本寛斎、パリ・コレクションに初参加	▲電磁調理器（三菱電機）登場 ▲野菜保存室を独立させた3ドア冷蔵庫登場 ▲電子ジャー炊飯器登場 （アース製薬、生け捕り方式のゴキブリ駆除器「ごきぶりホイホイ」を発売）
1975（昭和50）年	戦後初のマイナス成長 ベトナム戦争終結 不況深刻、完全失業率100万人 沖縄海洋博覧会 『住宅建築』創刊 ※『日本のすまい』西山夘三	◎「子供は理想としても現実としても二人」が定着／「毎日新聞」 ●東京・高井戸と川崎市にコーポラティブハウスが登場 ●宅地開発公団設立 ●矢野邸／磯崎新 ●幻庵／石山修武	◇昭和50年代になると、DCブランドがブームになる	△農水省が中心となり、日本型食生活見なおしのキャンペーンを開始 △インスタントラーメンのCM「わたし作る人、ぼく食べる人」、男女差別という指摘で放送中止に
1976（昭和51）年	ロッキード事件で金権政治が表面化 日米貿易摩擦が深刻化 民法・戸籍法改正、離婚女性の「姓」の選択が自由になる 『ポパイ』創刊	◎本田技研、婦人用ミニバイク発売 ◎嫁姑対立をテーマにしたドラマ「となりの芝生」が大反響を呼ぶ ◎浜野安宏の提案により、神奈川・藤沢に東急ハンズ一号店開設 ●「ミサワホームO型」／ミサワホーム ●住吉の長屋／安藤忠雄 ●中野本町の家／伊東豊雄 ●水戸六番地団地／藤本昌也	◇三宅一生、毎日デザイン賞受賞 （＊東京都内でコインランドリーが2000店を突破）	△「ほっかほっか亭」一号店オープン △冷蔵庫が大型化時代に突入

西暦（時代／年号）	社会情勢（歴史・※文献）	住生活（◎生活・○室内・●建築）	衣生活（◇衣服・◆履物・＊洗濯）	食生活（△食事・▲炊事）
1977（昭和52）年	経済白書「一億総中流化の始まり」 不況深刻、大型倒産相次ぐ 日本赤軍、日航機ハイジャック	◎男女の平均寿命がともに世界一となる ◎キッチンドリンカー増加、社会問題に ○畳の厚さを5.5cmに統一 ●山川山荘／山本理顕 ●ライブタウン浜田山／現代都市建築設計事務所	◇「Issay Miyake in Museum―三宅一生と一枚の布」のショーを西武美術館で開催 ◇イギリス、パンク・ロック登場	▲東芝、食器乾燥機発売
1978（昭和53）年	新東京国際空港（成田空港）開港 日中平和友好条約調印 1ドル175.5円に 完全失業者141万人 『日経アーキテクチュア』『週刊住宅情報』創刊／※『昭和住宅史』新建築社	◎総理府「女子の労働人口2010万人、全労働人口の37.4%」 ◎家族観や生活が変わりはじめる ◎食生活を文化の視点からとらえる風潮が高まり、「男の台所」もブーム ◎化学雑巾など、ダストコントロール商品の家庭普及率は約44%		△全国的に外食産業が大盛況 △食生活を文化の視点からとらえる風潮が高まり、男の料理もブームに ▲電気冷蔵庫の普及率99%、テレビを上回る
1979（昭和54）年	東京サミット、テーマはエネルギー 第二次オイルショック ※『近代日本の産業デザイン思想』／柏木博	◎国民生活白書「国民の中流意識にかげりが出はじめた」 ◎EC委員会、日本人は「ウサギ小屋に住むワーカホリック」 ●建売住宅に人気が高まる	（◇ソニーのウォークマン登場。YMO「テクノポリス」をリリース）	△エンゲル係数が30を切る ▲電子レンジの普及率が30%を超える ▲マイコン式自動炊飯器発売
1980（昭和55）年	校内暴力事件1558件 小学校で「ゆとり教育」がはじまる 『ブルータス』創刊	◎妻の4分の1が常雇で働く ◎日立家電、業界初の紙袋集塵式電気掃除機発売 ●るる阿房／齋藤裕 ●光格子の家／葉祥栄	◇安全性と実用を重視した非ブランドの「無印良品」が誕生	▲センサー付きオーブンレンジ発売
1981（昭和56）年	アメリカ、スペースシャトル打ち上げ成功 中国残留日本人が肉親捜し	◎宅配便の取り扱い個数が1億戸に迫る ◎配偶者の遺産相続分が2分の1に ◎男性のあいだに「書斎願望」増加	◇川久保玲、山本耀司、パ・コレクションに参加 ◇80年代前半、竹の子族	▲卓上型電磁調理器、大型フリーザー・多ドア冷凍冷蔵庫発売

	に来日 福井謙一、ノーベル化学賞を受賞 貿易摩擦が激化 ※『AKIRA』大友克洋	◎ダスキンの掃除用品が家庭に普及 ●住宅・都市整備公団設立 ●ハウス55の提案入選住宅発売 ●積木の家Ⅲ／相田武文 ●私たちの家／林昌二・雅子 ●小篠邸／安藤忠雄	ブーム。主に原色と大きな柄物の生地を多用したファッション ◇1980年代に、DCブランドが日本国内で広く社会的なブームとなる	▲3階建て以上共同住宅にガス漏れ防止機器や警報機の設置が義務付けられる
1982（昭和57）年	東北、上越新幹線開通 『AXIS』創刊／※「生活の場をワンルームに」／『婦人之友』	◎NHK「子供の食卓―なぜ一人で食べるの」放映、反響大 ◎使い捨て紙おむつ大ヒット		▲グリルパン、マイコン式電子ジャー発売
1983（昭和58）年	東京ディズニーランド開園 日本初「試験管ベビー」誕生 ハッカー登場 「おしん」大ブーム 女性誌創刊ブーム 『群居』創刊 ※生活にあわせたマンションの改造／『婦人之友』	◎東京・渋谷の東急デパートのお歳暮に大掃除ギフト券が登場 ◎任天堂、ファミリーコンピュータ発売、家庭用テレビゲームブームはじまる ◎パソコン普及台数100万台突破 ◎東京瓦斯、不完全燃焼すると自動的にガスがストップする小型湯沸器を発売 ○インテリアコーディネーター、女性の花形職業として人気 ●六甲の集合住宅／安藤忠雄	◇東京・青山に「無印良品」の直営一号店開設 ◇プアルック誕生	▲電磁調理器が火を使わない調理器として人気、毎年売上げ倍増
1984（昭和59）年	総理府「国民の90%は中流意識」 1万円、5千円、千円の新札発行 完全失業率、過去最高の2.6% ※『カーサ・ブルータス』(居住空間学) ※『風の谷のナウシカ』宮崎駿	◎主婦の50.3%が働き、家事専業主婦を上回る ◎VTRの生産額2兆9000億円、家電生産額の30.8%に ○全自動風呂釜が誕生 ●坂村進「TRON計画」 ●シルバーハット／伊東豊雄	◇広島に「ユニクロ」開設 （＊東京瓦斯、家庭用新型ガス衣類乾燥機を発売）	▲食品を半冷凍状態で保存するパーシャル・フリージング室を備えた4ドア、5ドアタイプの冷蔵庫が登場
1985（昭和60）年	公社民営化でNTT、JT発足 急激に円高が進む	◎金妻シンドローム ◎家庭内離婚という新語が広がる		△毎日「家族揃って夕食する」33%

西暦（時代／年号）	社会情勢（歴史・※文献）	住生活（◎生活・○室内・●建築）	衣生活（◇衣服・◆履物・＊洗濯）	食生活（△食事・▲炊事）
	バブル経済はじまる 人口1億2000万人突破 日航ジャンボ旅客機が墜落	●「科学万博つくば85」開催 ●プレハブメーカー、和風住宅を開発 ●アトリウム／早川邦彦		△少量パックの惣菜など、100円ジャスト食品やカット野菜の売行きが急増
1986（昭和61）年	男女雇用機会均等法施行 バブル経済はじまる、地価高騰 自殺者2万5524人と過去最悪 チェルノブイリ原発事故 『icon』創刊／※『10宅論』隈研吾／さくらももこ『ちびまる子ちゃん』連載開始	◎電気掃除機の普及率98% ◎「亭主元気で留守がいい」 ◎総理府、9割が家庭生活に満足、9割は家事は妻の役割とする ◎主婦3人が一組になって出張、掃除をする掃除代行屋登場 ●二世帯住宅「DUO」「DUET」／旭化成	（＊三菱電機、下着専用の乾燥機「セシエ」を発売） （＊服部セイコーが電動毛玉取り器を発売、初年度だけで120万個の売上げ）	△グルメブーム ▲電子レンジ付き冷蔵庫登場 ▲電子レンジの普及で「蒸す」ことが復活、ステンレスの蒸し器、木や竹製の蒸しカゴが人気
1987（昭和62）年	ニューヨーク株式市場でダウ大暴落 国鉄分割民営化、JRグループ誕生 利根川進、ノーベル医学・生理学賞を受賞	◎NTT、携帯電話サービス開始 ◎コードレス電話発売される ◎独身女性、結婚相手に「3高」を望む ●建築基準法改正で、木造3階建てが可能になる ●建設業の求人難が深刻化	（＊花王、コンパクト洗剤「アタック」を発売し大ヒット。洗剤市場のシェア30～50%に）	△東京・五反田に「おじいちゃんの料理教室」 ▲電子レンジの普及率50%
1988（昭和63）年	リクルート疑惑発覚 HIV薬害エイズが社会問題となる 青函トンネル、瀬戸大橋が開通 ※「日本に求めたい住まいの文化」菊竹清訓・山本厚生ほか／『婦人之友』	◎日本消費者協会の家電調査で、死蔵品の1位はジューサーミキサー、2位はホットカーラー ◎家事の出火原因の第1位はコンロ、ガス台 ○マンションなどでフローリング床がブームに。騒音をめぐるトラブルが目立ちはじめる ●全国の住宅総数が初めて4000万戸を超える	（＊青年海外協力隊員が紹介した日本の洗濯板がフィリピンに登場）	▲電磁誘導加熱（IH）炊飯器発売

【平成時代】 1989～	昭和天皇崩御 ベルリンの壁崩壊 東西冷戦の終結宣言 天安門事件 消費税3%	◎文部省、小学校低学年に「生活科」新設 ◎電話加入者5000万人を超える ◎携帯電話の普及がはじまる ●プレハブ住宅、普及型商品へ回帰 ●規格型低価格住宅		△米の販売が、15kg以下の精米に限りコンビニ・酒店・青果店でもできるように ▲クッキングカッターの需要が伸びる
1990（平成2）年	合計特殊出生率1.57（人） 海外渡航者、初の1000万人突破 秋山豊寛、日本人初の宇宙飛行士に ※『都住創物語』中筋修 ※『昭和住宅物語』藤森照信	◎掃除機・洗濯機・クーラーなどの音が50ホン台から40ホン台になり、家電製品の消音化が進む ○ジャノメが24時間入れる風呂「湯名人」を発売 ●「Vintage Villa」／神奈川県住宅供給公社　公的機関、全国初のケア付高齢者集合住宅	（＊松下電器産業、ファジー家電第一号の全自動洗濯機を発売）	▲ファジー方式の炊飯器ほか家電製品を発売
1991（平成3）年	バブル経済崩壊する 湾岸戦争はじまる ソ連解体 雲仙普賢岳噴火 借地借家法改正案成立	◎定期借地権制度創設 ◎持ち家の建て替え率35.9%。高度成長期に建てられた家が建て替え期を迎える ◎10坪の家／『暮しの手帖』 ●熊本県営保田窪第一団地／山本理顕	◇東京・芝浦のディスコ、ジュリアナ東京でワンレン、ボディコンのファッションで踊る女性が話題になる	△NHK子供向け料理番組「ひとりでできるもん」 △無洗米登場
1992（平成4）年	「生活大国5カ年計画」閣議決定 ※『住まいの中の自然』小玉祐一郎	◎一人暮らしの安全／『婦人之友』 ●プレハブ住宅約30万戸、過去最高 ●コモンシティ星田／坂本一成 ●日本橋の家／岸和郎	◇三宅一生、「プリーツ・プリーズ」を発表 （＊日立製作所、ステンレス槽の全自動洗濯機発売）	△子供のあいだに「朝の孤食化」進む △離乳食がフリーズドライ、レトルトに
1993（平成5）年	大型不況深刻化 合計特殊出生率1.46（人） 皇太子の結婚挙式	◎高断熱・高気密住宅／『婦人之友』 ●プレハブ住宅の高規格化 ●実験集合住宅NEXT21／内田祥哉	◇アイロンがまったくいらない、形状安定加工ワイシャツ登場	▲東京都、半透明ゴミ袋の使用を導入
1994（平成6）年	一年に二つの連立内閣が誕生する 風水ブーム	◎家庭科がすべての高校で男女必修となる ◎マルチメディア関連機器が人気 ◎花王、フローリング用簡易モップ発売。		△米不足で緊急輸入（平成の米騒動）。

西暦（時代／年号）	社会情勢（歴史・※文献）	住生活（◎生活・○室内・●建築）	衣生活（◇衣服・◆履物・＊洗濯）	食生活（△食事・▲炊事）
	平成不況深刻化、就職難続く 大江健三郎、ノーベル文学賞を受賞 ※「シンプルライフの設計図」清家清／『婦人之友』	シートが取り替えられる簡便性で大ヒット ●住宅都市整備公団が、初めてソーラー住宅の建設に着手 ●全国で博物館の建設ブーム ●関西国際空港／レンゾ・ピアノ		
1995（平成7）年	阪神淡路大震災　死者約6千人 地下鉄サリン事件 Windows95ブーム パソコンの家庭内普及率15.6%	◎表示やボタンを大きくした、高齢者や障害者に配慮したバリアフリーの家電製品が増えはじめる ●北九州市に「環境共生高層住宅」の国内第一号マンション「マテール穴生」 ●幕張ベイタウン・パティオス／坂本一成・松永安光ほか ●家具の家／坂茂 ●箱の家-1／難波和彦＋界工作舎	（＊シャープが「新乾洗」発売。洗濯機と乾燥機を一台に合体させた全自動乾燥洗濯機）	
1996（平成8）年	全国下水道普及率54% 日本の完全失業率が戦後最悪に O157による食中毒が大規模発生	◎インターネット利用者100万人突破 ◎ISDN契約が一般電話を上回る ◎東京23区で事業系ゴミの有料化開始 ●輸入住宅増え、JETRO、東京・大阪に輸入部材展示場設置	（＊三菱電機、洗濯時間が28分の全自動洗濯機を発売。シャープも時短機種発売）	△遺伝子組み換え食品が食卓に △米の自由販売がスタート ▲三洋電機が炊き上がり時間19分の炊飯器を発売するなど、家電に時短競争
1997（平成9）年	消費税5% 金融機関の破綻が相次ぐ 温暖化防止京都会議を開催 容器包装リサイクル法施工 ゴミ焼却炉からの高濃度ダイオキシンが問題化	◎オゾン層問題のため、東京23区で、冷蔵庫フロンの回収がはじまる ◎三洋電機、低騒音の掃除機「パワフル音ハンター」発売。この頃、低騒音の冷蔵庫などが次々登場する ○大阪瓦斯が浴槽の洗浄、すすぎが自動的にできる住宅用システムバスが登場		△女子中高生などにポケットサイズのバランス栄養食品、通称「ポケ食」が流行

		○初の国産スチールバスが登場 ●9スクェア・グリッドの家／坂 茂 ●ALTO B ／谷内田章夫		
1998（平成10）年	冬期オリンピック長野大会 合計特殊出生率1.38（人） 建築基準法の大幅改正・公布 公庫基準金利2%、過去最低 環境ホルモンが問題になる 『カーサ・ブルータス』増刊号発行、2000年から月刊誌に	◎PHS・携帯電話の加入台数が4000万台を超える ○日立製作所、一人乗りの家庭用エレベーターを発売 ●ミニ・ハウス／アトリエ・ワン ●男女雇用機会均等法の家／白川直之 ●扇ガ谷の家／中村好文		△キッコーマンの調査で、主婦が夕食づくりにかける時間は1時間以内が65%、昭和55年は43% △首都圏のスーパーで野菜のバラ売りが本格化
1999（平成11）年	東海村で国内初の臨界事故 完全失業率4.9%、戦後最悪 ヨーロッパ単一通貨「ユーロ」の誕生	◎大幅な住宅ローン控除制度を開始 ◎東京に生ゴミ処理機（ディスポーザー）付きのマンションが相次ぎ登場 ◎名古屋市が1人1日100gのゴミを減らす「チャレンジ100」運動を開始。1年で10万t減量 ●NT ／渡辺真理＋木下庸子 ●アルミの家／難波和彦＋界工作舎 ●スミレアオイハウス／小泉誠	◇丸洗いができる紳士服登場	▲三菱電機、肉なども凍ったまま包丁で切れる冷蔵庫「切れちゃう冷凍」を発売 ▲東京・東村山市が生ゴミの堆肥化をはじめる
2000（平成12）年	介護保険制度を開始 定期借家制度を開始 合計特殊出生率1.32（人） 三宅島噴火、島民全員が避難 九州沖縄サミト開催 白川英樹、ノーベル化学賞を受賞	◎iモードの加入契約者数が1000万突破 ◎食器洗い乾燥機、生ゴミ処理機、IH（電磁誘導加熱）調理器が家電製品の「新御三家」に ◎コードがない掃除機が次々に発売される ●せんだいメディアテーク／伊東豊雄 ●未来設計図／ミサワホーム ●F.O.B HOMES ／ F.O.B ASSOCIATION ●はだかの家／坂 茂	◇2000年代半ば頃から、ファストファッションと呼ばれる低価格のブランド・ショップが急増 （＊花王がシート状の洗剤を発売） ◇A-POC ／三宅一生、藤原大	△無洗米の人気が急上昇 ▲松下電器産業、水を使わずに米をとぐ「遠心力無水米とぎ器」を発売 （△雪印乳業の乳製品の食中毒汚染発覚）

◎参考文献

第1章　起居様式から考える
『地球家族――世界30か国のふつうの暮らし』マテリアルワールド・プロジェクト（代表ピーター・メンツェル）　TOTO出版　一九九四
『意中の建築（上巻）』　中村好文　新潮社　二〇〇五
『意中の建築（下巻）』　中村好文　新潮社　二〇〇五
『住生活史――日本人の住まいと生活』　平井聖　放送大学教育振興会　一九八九
『日本文化における時間と空間』　加藤周一　岩波書店　二〇〇七
『日本人とすまい2　畳　TATAMI』　リビングデザインセンター　発売・光琳出版社　一九九七
『日本人とすまい3　しきり　SHIKIRI』　リビングデザインセンター　発売・光琳出版社　一九九八
『「しきり」の文化論』　柏木博　講談社現代新書　講談社　二〇〇四
『すまい考今学――現代日本住宅史』　西山夘三　彰国社　一九八九
『ユカ坐・イス坐――起居様式にみる日本住宅のインテリア史』　沢田知子　住まい学大系066　住まいの図書館出版局　一九九五
『ふすま』　向井一太郎・向井周太郎　住まい学大系081　住まいの図書館出版局　一九九七
『インテリアと日本人』　内田繁　晶文社　二〇〇〇

第2章　間取り
『「坊ちゃん」の時代』　アクションコミックス　関川夏央・谷口ジロー　双葉社　一九八七
『吾輩は猫である』　夏目漱石　新潮文庫　新潮社　一九六一
『日本住宅の封建性』　浜口ミホ　相模書房　一九四八
『同潤会アパート原景――日本建築史における役割』　マルク・ブルディエ　住まい学大系049　住まいの図書館出版局　一九九二
『乱歩と東京――1920都市の貌』　松山巌　PARCO出版局　一九八四
『団地の空間政治学』　原武史　NHK出版　二〇一二
『磯野家の謎』　東京サザエさん学会・編著　飛鳥新社　一九九二
『父の詫び状』　向田邦子　文芸春秋　一九七八
『占領軍住宅の記録（上）――日本の生活スタイルの原点となったデペンデントハウス』　小泉和子・高藪昭・内田青蔵　住まい学大系096　住まいの図書館出版局　一九九九
『占領軍住宅の記録（下）――デペンデントハウスが残した建築・家具・什器』　小泉和子・高藪昭・内田青蔵　住まい学大系097　住まいの図書館

出版局　一九九九
『となりのトトロ』　ロマンアルバム・エクストラ69　徳間書店　一九八八
『モダンリビング』　一三三号　アシェット婦人画報社　二〇〇〇
『陰翳礼讃』　谷崎潤一郎　中央公論社　一九九五（初版一九三三）
『日本人とすまい4　柱　HASHIRA』　リビングデザインセンター　発売・光琳出版社　一九九九
『ちいさいおうち』　バージニア・リー・バートン　石井桃子・訳　岩波書店
『ちゃぶ台の昭和』　小泉和子　河出書房新社　二〇〇二

第3章　家事

『日本人とすまい7　家事　KAJI』　リビングデザインセンター　二〇〇二
『日本人とすまい5　あかり　AKARI』　リビングデザインセンター　二〇〇〇
『幸田文　しつけ帖』　幸田文・著　青木玉・編　平凡社　二〇〇九
『ねえやが消えて――演劇的家庭論』　奥野健男　河出書房新社　一九九一
『暮らしの手帖』　300号記念特別号　暮らしの手帖社　二〇〇二
『日本の生活デザイン――20世紀のモダニズムを探る』　建築資料研究社　一九九九

第4章　家という商品

『建築学用語辞典』　第2版　日本建築学会・編　岩波書店　二〇〇一
『伊礼智の住宅設計作法』　伊礼智　アース工房　二〇〇九
『小さな家。計画』　「小さな家。計画」実行委員会　エクスナレッジ　二〇一〇
『伊礼智の住宅設計』　伊礼智　エクスナレッジ　二〇一二
『古民家再生術』　古民家再生工房（神家昭雄・大角雄三・楢村徹・萩原嘉郎・佐藤隆・矢吹昭良）　住まい学大系〇七二　住まいの図書館出版局　一九九五

第5章　建築家の家

『「私の家」白書――戦後小住宅の半世紀』　清家清　住まい学大系080　住まいの図書館出版局　一九九七
『戦後モダニズム建築の極北――池辺陽試論』　難波和彦　彰国社　一九九九
『「塔の家」白書――六坪に住んだ二〇年』　東孝光・節子・利恵　住まい学大系010　住まいの図書館出版局　一九八八

『家　1969→96』　安藤忠雄　住まい学大系〇七六　住まい学大系076　住まいの図書館出版局　一九九六
『小さな森の家――軽井沢山荘物語』　吉村順三　建築資料研究社　一九九六
『紙の建築　行動する――震災の神戸からルワンダ難民』　坂茂　筑摩書房　一九九八
『新建築住宅特集』　二〇〇一年一月号　新建築社　二〇〇一
『週刊朝日』　昭和四二年七月二八日号　朝日新聞社　一九六七
『普段着の住宅術』　中村好文　王国社　二〇〇二
『住宅読本』　中村好文　新潮社　二〇〇四
『中村好文　普通の住宅、普通の別荘』　中村好文　ＴＯＴＯ出版　二〇一〇
『建築家と家を建てたい』　鈴木紀慶　朝日出版社　二〇〇二
『建築家（中村好文）と建てた「小さな家」』　鈴木紀慶　世界文化社　二〇一〇
『昭和住宅物語――〝初期モダニズムからポストモダンまで23の住まいと建築家〟』　藤森照信　新建築社　一九九〇

第6章　なぜ、デザイナーズマンションはヒットしたのか

「建築家谷内田章夫の部屋を300人が持っています。」『カーサ・ブルータス』　二〇〇〇年一一月号　マガジンハウス
「ブルータス不動産」『ブルータス』　一九九八年一月一五日・二月一日号～二〇〇三年五月一日号　マガジンハウス
『スズキ不動産　集合住宅編』　鈴木紀慶　ギャップ出版　一九九九
『スズキ不動産 vol.2――デザイナーズマンション（有名建築家物件）情報』　鈴木紀慶　ギャップ出版　二〇〇二
『日本列島民家史――技術の発達と地方色の成立』　住まいの図書館出版局　一九八九
『びんぼう自慢』　古今亭志ん生　ちくま文庫　筑摩書房　二〇〇五
『父たちよ家へ帰れ』　宮脇檀　新潮文庫　新潮社　一九九八

第7章　明治時代以降、生活スタイルは変わったのか

『ベルツの日記（上）』　エルヴィン・ファン・ベルツ　岩波書店　一九七四
『ベルツの日記（下）』　エルヴィン・ファン・ベルツ　岩波書店　一九七四
『TOKYO STYLE』　都築響一　京都書院　一九九三
『家』　篠山紀信・写真　多木浩二・文　鶴本正三・編集・構成　潮出版社　一九七五
『1968（上）――若者たちの叛乱とその背景』　小熊英二　新曜社　二〇〇九
『1968（下）――叛乱の終焉とその遺産』　小熊英二　新曜社　二〇〇九

『AXIS』　一九九八年一〇月号　アクシス
『「秋葉原」感覚で住宅を考える』　石山修武　晶文社　一九八四
『笑う住宅』石山修武　筑摩書房　一九八六
『10宅論』　隈研吾　ちくま文庫　筑摩書房　一九九〇
『金魂巻――現代人気職業三十一の金持ビンボー人の表層と力と構造』　渡辺和博・タラコプロダクション　主婦の友社　一九八一
『なんとなく、クリスタル』　田中康夫　新潮文庫　新潮社　一九八五
『戦後日本の大衆文化史――1945～1980年』　鶴見俊輔　岩波現代文庫　岩波書店　二〇〇一
『17歳のための世界と日本の見方』　松岡正剛　春秋社　二〇〇六

第8章　これからの日本の住まい
『日本人とすまい　住み心地はどうですか?』　リビングデザインセンターOZONE　建築資料研究社　二〇〇五
『「家族」と「幸福」の戦後史』　三浦展　講談社現代新書　講談社　一九九九
「有名建築家が作る集合住宅情報」『ブルータス』　一九九六年一一月一日号　マガジンハウス
「有名建築家が作る集合住宅情報2」『ブルータス』　一九九七年一一月一五日号　マガジンハウス
「スタイルのある集合住宅情報3」『ブルータス』　一九九八年一二月一日号　マガジンハウス
「東京23区内に家を建てられますか?」『ブルータス』　一九九九年一二月一日号　マガジンハウス
「アンドレア・ブランジ――なぜイタリア男はインテリアにこだわるのか」『メンズ・エクストラ』　二〇〇一年四月号　世界文化社
『ニッポン』　ブルーノ・タウト　講談社学術文庫　講談社　一九九一
『ユカ坐・イス坐――起居様式にみる日本住宅のインテリア史』　沢田知子　住まい学大系〇六六　住まいの図書館出版局　一九九五
『Tomorrow――建築の冒険』　山下保博・アトリエ・天工人　TOTO出版　二〇一二

◎日本の住まい（食衣）・年表
『図説　日本住宅の歴史』　平井聖　学芸出版社　一九八〇
『室内と家具の歴史』　小泉和子　中央公論社　一九九五
『日本の近代住宅』　内田青蔵　鹿島出版会　一九七八
『はきもの』　潮田鉄雄　法政大学出版局　一九七八
『寝所と寝具の文化史』　小川光暘　雄山閣出版　一九七三
『敷物の文化史』　岡崎喜熊　学生社　一九八一

『家事の政治学』（新装版） 柏木博 青土社 二〇〇〇
『台所の100年』 日本生活学会・編著 ドメス出版 一九九九
『台所道具いまむかし』 小泉和子 平凡社 一九九四
『昭和台所のなつかし図鑑』 小泉和子 平凡社 一九九八
『昭和のくらし博物館』 小泉和子 河出書房新社 二〇〇〇
『道具が語る生活史』 小泉和子 朝日新聞社 一九八九
『家電製品にみる暮らしの戦後史』 久保道正・編 ミリオン書房 一九九一
『大江戸リサイクル事情』 石川英輔 講談社文庫 一九九七
『日本デザイン50年――社団法人 日本インテリアデザイナー協会 創立50周年記念出版』 柑出版 二〇〇八
『昭和住宅史』 新建築一九七六年一一月臨時増刊 新建築社
『情報の歴史――象形文字から人工知能まで』 松岡正剛・編集工学研究所 NTT出版 一九九一
『図説 近代建築の系譜――日本と西欧の空間表現を読む』 大川三雄・川向正人・初田亨・吉田鋼市 彰国社 一九九七
『都市建築博覧・昭和篇――アーバン・クロニクル』 初田亨・大川三雄 住まい学大系043 住まいの図書館出版局 一九九一
『もういちど読む 山川日本史』 五味文彦・鳥海靖・編 山川出版社 二〇〇九
『日本史年表・地図』 児玉幸多・編 吉川弘文館 二〇〇五
『日本食物史』 江原絢子・石川尚子・東四柳祥子 吉川弘文館 二〇〇九
『日本食物史――食生活の歴史』 樋口清之 柴田書店 一九六〇
『日本衣服史』 増田美子・編 吉川弘文館 二〇一〇
『日本服飾史』 谷田閲次・小池三枝 光生館 一九八九
『日本人とすまい1 靴脱ぎ KUTSU-NUGI』 リビングデザインセンター 光琳出版社 一九九六
『日本人とすまい2 畳 TATAMI』 リビングデザインセンター 光琳出版社 一九九七
『日本人とすまい3 しきり SHIKIRI』 リビングデザインセンター 光琳出版社 一九九七
『日本人とすまい4 柱 柱 HASHIRA』 リビングデザインセンター 光琳出版社 一九九九
『日本人とすまい5 あかり AKARI』 リビングデザインセンター 二〇〇〇
『日本人とすまい6 間取り MADORI』 リビングデザインセンター 二〇〇一
『日本人とすまい7 家事 KAJI』 リビングデザインセンター 二〇〇二
『日本人とすまい 住み心地はどうですか?』 リビングデザインセンターOZONE 建築資料研究社 二〇〇五

◎初出一覧
コラム１　土間　竪穴住居の土間が知的生産の場として復活。『タイトル』二〇〇五年二月号　文藝春秋
コラム３　モダン住宅のキッチン史　モダン住宅のキッチン史『Dd』二〇〇二年一一月号　マガジンハウス
コラム４　戦後の小住宅史　戦後の小住宅の歴史『ブルータス』一九九九年一二月一日号　マガジンハウス
コラム５　ヴィンテージマンションの時代へ　古き良き名作集合住宅のデザイン価値を見出す。『タイトル』二〇〇五ね年一〇月号　文藝春秋

◎写真・図面・データマップ
三島市郷土博物館　p68
伊礼智設計室　p96
東環境・建築研究所／東利恵　p112
坂茂建築設計　p116
谷内田章夫／ワークショップ　p130
Aプロジェクト（ミサワホーム）　p142-143
アトリエ・天工人　p182
鈴木紀慶　p20, p56, p63, p99, p122, p130, p162

※右記以外のクレジットは、本文に掲載

あとがき

僕は、一九五六（昭和三一）年に神奈川県高座郡座間町（現・座間市）で生まれた。その当時、キャンプ座間のなかにあった食堂で父は料理人として、母は食堂内の売店で売り子として働いていた。そのためか、学生時代（一九七〇年代）に柳ジョージの「FENCEの向こうのアメリカ」を聴いたとき、ベ ースキャンプの光景が急に浮かび上がってきた。僕が四、五歳までそこで過ごしたときの記憶だが、おそらく父が撮った、キャンプ内の芝生で遊んでいる写真がそのまま自分の記憶となり、その後のアメリカのホームドラマの記憶も重なって、自分のなかで捏造したものではないかと思われる。そこには豊かな食材、広い庭がある白い家、商業施設、映画館・野球場などの娯楽施設までありとあらゆるものが揃っていて、鉄のフェンスの向こう側はアメリカだった。

僕自身、建築・デザインに関する編集の仕事に長く携わってきたが、気づいたら「住まい」に関する仕事とも長くかかわっていた。それは、「住まい学大系」や「日本人とすまい」といった単行本や図録の編集の仕事で、後者は「靴脱ぎ」にはじまり、「畳」「しきり」「柱」「あかり」「間取り」「家事」「住み心地」と毎回テーマを決め、企画展を開いてきた。自分は大学で建築を学んだが、日本の「住まい」について、自分の生活に近い「衣食住」の歴史についてほとんど何も知らなかったことがわかり、もう一度「住まい」について考えることの重要性を感じていた。日本の住文化の素晴らしさは、外国から来た人たちの視点で、日本の美術や工芸に関してはほとんど逆輸入するかたちで再認識してきた。
これまでの歴史を継承するという意味でも、日本人一人ひとりが住文化について再考するべき時期にきていると思う。明治時代から今日まで西欧の文化に憧れ、一日でも早く先進国と肩を並べられるように追従してきたが、いつの間にか（一九六〇年代末には）自由主義国では世界二位の経済大国になっていた。先進国の人々の生活も含め、あらゆるものをお手本にしてきたが、今度は日本がお手本になる番ではないだろうか。住においては「二重生活」が今もつづき、借り物の文化のまま今日まできてしまったことは否めないが、日本独自の住文化に着目し、それを現代に活かす、それは単なる和風回帰ではなく、優れた伝統技術と同時に生活の知恵を継承することであるように思われる。現在、日本食を世界遺産にしようとする動きがあるが、それは「食」だけでなく、「衣住」においても、世界に誇れるものが多くあり、日本人である私たちが気づいていないだけではないだろうか。

最後に、「住まい」という視点でものを見て考えることを教えていただいた、住まいの図書館出版局の植田実編集長、「日本の住文化」の素晴らしさを教えていただいた柏木博さん、大竹誠さん、萩原修さん、住友和子さん、今回も装丁を担当していただいた山口信博さん、そして本書がまだ目次しかない企画段階から相談にのっていただいた鹿島出版会の相川幸二さんに、深く感謝したいと思います。

二〇一三年四月　鈴木紀慶

編著者略歴

鈴木紀慶《すずきのりよし》

編集者、建築・デザインジャーナリスト、物件評論家。1956年神奈川県生まれ。1980年武蔵野美術大学建築学科卒業。『インテリア(JAPAN INTERIOR DESIGN)』、『icon』編集部を経てフリー。2000年スズキeワークス設立。現在、武蔵野美術大学、桑沢デザイン研究所非常勤講師。著書に、『スズキ不動産——デザイナーズマンション情報』(Vol.1, Vol.2／ギャップ出版)、『24の家』(小学館)、『20世紀建築ガイド』(美術出版社)、『建築家(中村好文)と建てた「小さな家」』『66人の建築家がつくった「たったひとつの家」』(ともに世界文化社)、編著に『倉俣史朗 着想のかたち——4人のクリエイターが語る。』(平野啓一郎、伊東豊雄、小池一子、深澤直人／六耀社)、『1971→1991 倉俣史朗を読む』(鹿島出版会)など。

カバーデザイン：山口信博＋雨宮 良
本文DTPレイアウト：スズキeワークス
図面製作：鈴木萌乃
印刷・製本：三美印刷

日本《にほん》の住文化再考《じゅうぶんかさいこう》

鷗外《おうがい》・漱石《そうせき》が暮《く》らした借家《しゃくや》から
デザイナーズマンションまで

発行：二〇一三年六月二〇日 第一刷発行

編著者：鈴木紀慶《すずきのりよし》
発行者：鹿島光一
発行所：鹿島出版会
〒一〇四-〇〇二八
東京都中央区八重洲二丁目五番一四号
電話：〇三-六二〇二-五二〇〇
振替：〇〇一六〇-二-一八〇八八三

ISBN：978-4-306-04590-3 C3052

本書の内容に関するご意見・ご感想は左記までお寄せください。
URL：http://www.kajima-publishing.co.jp
E-mail：info@kajima-publishing.co.jp